改定

佐賀の蘭学者たち

鍵山　栄 著
鍵山 稔明 編

佐賀城鯱の門

佐賀新聞社

序文にかえて

父、鍵山 栄が「佐賀の蘭学者たち」を出版したのは、昭和五十一年の秋のことでしたので、今からは五十年の往昔です。さらに父は、その三年前には「相良知安」を日本古医学資料センターから出版していました。こうして残してくれた父の著作を読むほどに、郷土佐賀の先哲の溢れ出る熱情と高志躍動する姿に圧倒されながら、そこに限りない魅力を覚えるばかりです。

父自身そのあとがきに「幕末佐賀の歴史は知れば知るほどおもしろい時代である」と残しています。また、あの司馬 遼太郎に「幕末の佐賀藩は誠に奇跡である」と語らせたその幕末佐賀藩の凄さを今に伝えたいという強い誘引とともに、私的には五十年前の父の労作を改めて世に出すことの意義をもって今般の復刻再版とした次第です。

今般の出版にあたっては、佐賀新聞社及び佐賀印刷社の担当方に諸々労を執って頂きました。

願わくは、多くの人たちが手に取って、郷土の偉大な先達の生き様に触れて頂いて、それぞれに自らの将来と、佐賀の未来に大きな夢を抱いて頂ければ誠に幸甚に思います。

尚、初版当時の佐賀医界の方々より序文を賜っていましたので、ここに紹介致します。
・佐賀医科大学長（当時）古川 哲二先生、　・佐賀県医師会長（当時）松下 英志先生、
・佐賀県立病院好生館長（当時）鶴丸 廣長先生、父自身「身に余る光栄」と心からの謝意を述べていましたが、いま改めてここに謹んで感謝の念を申し、再版では割愛させて頂きました。

二〇二四年秋

鍵山　稔明（編・著）

目次

佐賀蘭学のあけぼの……1
学政管見……1
医学寮・蘭学寮……9
甲種医学校……15
古賀アカデミー……18
佐賀蘭学の父　島本良順……21
わが国医学近代化のリーダー　伊東玄朴……24
痘瘡……24
立志……27
医業……30
お玉ヶ池種痘所……39
望郷の念……55
精煉方と蘭学……58
反射炉の由来……58
蘭学の導入……61
お鋳立方七賢人……64
巨砲成る……66
精煉方の動向……69
諸藩の事情……72
佐賀精煉方の特異性……76
精煉方の技師たち……78
蘭学寮の学者たち……83
大庭雪斎……83
大石良英……86

杉谷雍助……89
本島藤太夫……92
好生館の主役たち……97
金武良哲……99
牧春堂……104
渋谷良次……106
宮田魯斉……106
上村春庵……108
県立病院の館長……111
武雄の蘭学……115
各地の蘭学……120
蓮池……120
唐津……121
久保田……122
小城……123
補遺……127
蘭学から英学へ……130
致遠館……133
致遠館の逸材……136
本野盛亭……136
小出千之助……138
相良知安……141
補遺……152
むすび……155
年表……160
あとがき……182

鍋島直正 像
佐賀市城内
城内公園

伊東玄朴 像
神埼市
神埼町舎敷地跡

相良知安 肖像
相良家蔵

佐賀蘭学のあけぼの

学政管見

幕末維新期、佐賀藩は雄藩の中にあっても、一際異彩をはなつ存在であった。即ち、佐賀藩は天下に先駆けて、西洋化に成功していたのであった。そこには、藩主直正の強いリーダーシップとそれを補佐する穀堂の存在があった。

佐賀十代藩主鍋島直正の補導役であり、御側頭として信任の厚かった古賀穀堂は、古賀精里の長男で学識はもちろん、政治的識見も手腕もある優れた学者であった。文化三年（一八〇六）十一月直正の父斉直に「学政管見」を上呈した。

しかし、斉直の時代に、その実を見ることはなかった。

その後継となった十代藩主直正一代の課題は内には藩政の建直し、外には長崎警備の完遂にあったというべきである。この重責達成の支柱となり、挙藩一致の総教育体制の確立という封建的エネルギーの礎は実は穀堂の「学政管見」にあった。そしてそれは直正の時代になって、天保五年（一八三四）の医学館設立、天保十一年（一八四〇）の弘道館大増築、嘉永三年（一八五〇）の課業法制定、嘉永四年（一八五一）の蘭学校設立となって具体化されたのであった。

「学政管見」は二十八項にわたって、穀堂が主張した学政論、藩校論がのべられているが、江戸時代に設立された全国二百八十余の藩校のうちで、特段光っていた熊本の時習館（宝暦五年設立）、鹿児島の造士館（安永二年設立）、水戸の弘道館（天保十四年設立）などにも見られないほどの特異点があった。

曰く（抜粋）

「近来蘭学大ニ啓ケテ、ソノ学フトコロハ曽テオランダノ学問ト云フコトニアラス、世界一統ノコトヲキワメシルコトナリ」、「幸ヒ長崎モ近辺ナレバ誰ソソノ器量アルモノヲエラバレテ稽古ニ遣ワサルベキナリ。」

と蘭学修行の必要を説いている。まことに卓見である。さらに医学教育の大切に及び

「医者ノ学問ハ段々遊学仰付ラレ御トリ立コレアルコトナレドモ、御国ニテハ医学館ナト云屹タル稽古所ナク宅々ノ会業（開業）テイノコトナルユエ稽古方思ワシク行届カヌコト多シ。」「今時医者ノ申訳ハ医者ハサジノ先ニテ相スムトイフモノアレドモ、学問ナクシテ名医ニナルコト覚束ナキ義ナリ。」「医学館ノ義急ニ御トリ立モ相叶ハサル事モアルベシ。」「シカレハマヅ学館（弘道館）ノ内ニ医学館ヲ持込ニシテ、ソノ稽古寮ヲ立、上手ノ医者ニ命セラレテ、医学寮ノ教授トシテ、御家中若手ノ医者ハ不残コノ処出席稽古致スベシ。」「医者トテモ本ヨリ経書歴史ソノ外ニモ通シネハ叶ハヌコトニテ、コレハ学館書生並ニ稽古スルコトナレハ、右ノ方ニモ医学ノ方モ一時ニ出来ルコト

アリ。サテ又外科、小児科、口中科、眼科、針治按摩、本草家ナドサマザマアルコトニテ、不残稽古アリタキコトナレドモ、ソノ内ニ家伝極秘ナト云コトアレバ、サヨウナル人ハ家内ニ稽古スルコトモ勝手次第ニスベシ。」

と医学館の設置と一般教養課程の必要を説いている。実に堂々たる見識であった。

しかし藩財政の窮迫は、弘道館の遺料にさえ、省減に省減を加えられる状態であったから、医学校建設などは、不急のこととして放置されたのはやむを得ないことでもあった。

日本に西欧列強の手

しかし、その頃の日本の北辺はいかにも波高かった。例えば寛政四年（一七九二）ラクスマンが根室にあらわれている。寛政九年（一七九七）には、英船が室蘭に入港して測量した。文化元年（一八〇四）九月、長崎に二隻のロシア軍艦があらわれた。通商条約を結ぶためレザノフが特命全権大使として乗り込んでいた。レザノフは長崎で半年余待たされたあげく、幕府の拒絶にあい、むなしく文化二年三月帰国した。しかし彼は長崎での待機中、日本側武力の旧式にてとるにたりないことを知り、再度の日本遠征を計画したが、本国の許可がないまま病死した。そこでその部下が彼の遺志をついで文化四年カラフトとエトロフの漁場を襲撃して焼き払った。つづいて文化八年（一八一一）六月、ロシアのディアナ号艦長ゴロウニンが日本役人に抑留される事件が起こった。一方長崎では、佐賀藩の歴史に一大汚点を残したフェートン号事件が勃発していた。

フェートン号事件

フェートン号とは、イギリス東印度艦隊に属する軍艦で、東洋のフランス、オランダ植民地を攻撃し、艦船をだ捕する任務をおびていたのである。

文化五年（一八〇六）八月十五日朝早く、フェートン号はオランダ国旗をかかげて長崎に入港した。長崎奉行からの検使とオランダ商館員がフェートン号に近づいたのだが船からボートがおろされて二人のオランダ商館員を捕らえてしまった。その後も英艦は数々の暴行を働き、十八日、オランダ船がいないのを確かめ出港した。その時、長崎警備に当たっていた佐賀藩の十五日からの四日間の周章狼狽ぶりはあわれで情けないほどの醜態であった。古賀穀堂の日記には「佐嘉ノ危キコト累卵のゴトシ。……嘆クベシ」とある。只、当時の幕府の国防知識では、敵国といえばロシアだけであり、ロシアの南下だけを恐れていた。欧州の情勢についてはほとんど無知に近かった。文化五年といえば無敵を誇るナポレオン麾下（きか）のフランス、スペイン連合艦隊がネルソンに撃破されてから三年後である。海を支配した英国は侵略の牙を東洋に向けて研いでいたにもかかわらず幕府の目は北方のロシアに向けられるのみであった。嘆くべしである。

そんな折からのフェートン号事件であった。

藩主に謹慎命令

一方、その時の長崎奉行松平図書頭康平は、昔かたぎの武士道を心得た責任感の強い真の武士であった。十七日英艦出港の報にて、奉行はその夜、側近を集めて小宴をはり、部下の労をねぎらった。彼は一同が去ったのち、割腹自決した。家臣六人も主人のあとをしたって次々に自刃したため、その潔い自決は世間から大きな称賛を浴びた。それに反し、佐賀藩の失態、無能ぶりは物笑いとなった。そして終には十一月に藩主も責任を問われて謹慎命令が発せられた。

曰く

「松平肥前守（鍋島斉直）当八月長崎へイギリス船渡来いたし候節……ふとどきの至り、よって不調法として逼塞（ひっそく）仰付けられる」この処分によって藩内はさながら喪中状態となった。火の消えたような城下町の沈滞ぶりは、今にいたるまで語り草である。藩主逼塞の申し渡しにより、佐賀藩の屈辱は頂点に達したわけで、天下に恥をさらしたことになる。

こうしてフェートン号事件は、長崎防衛の弱体を暴露し、以後佐賀藩は予算の大半を防衛費に奪われることになる。振り返ってみれば幕末期、近代的装備を誇る佐賀海軍の充実、日本最初の溶鉱炉や鉄製大砲の製造やその基礎をなす蘭学の普及などもその根底にフェートン号事件の屈辱と、アヘン戦争の刺激によるものがあったといえよう。

富国強兵の決意

鍋島直正が父斉直のあとをついで第十代佐賀藩主となったのは、天保元年（一八三〇）二月七日のことであった。家督をつぐと同時に、慣例どおり将軍に謁をたまわり、さらに暇をこい、領国佐賀に帰った。時に直正多感な十七歳であった。

三月二十八日着城した直正は、即に勢力的に動き出している。五月二日には藩校弘道館を視察し、六月二十七日長崎に行き、唐船、蘭船を見学している。そして洋式火砲、小銃を見て、その精巧さに驚嘆し、「もはや種子島銃の時代ではない」と悟った。同時に二十年前のフェートン号事件の教訓をかみしめ、富国強兵こそ国策の根幹とすべきだとさらに決意を固くした。

直正お国入りの翌年天保二年、古賀穀堂は藩政改革の基本として『済急封事』と題する意見書を提出した。

曰く

一、人材を選び用いること
二、勤倹節約を励行すること
三、国産を奨励すること
四、旧弊を打破すること

旧弊の打破とは、佐賀の三病をのぞくことであり、三病とはいわば佐賀人の精神的な三つの持病である。すなわち「人をねたみきらう風がはなはだしい」、「決断の風がとぼしい」、「負けおしみの風が強い」この三つをさしていた。

直正は最も信任する補佐役穀堂のこの意見を登用して、藩政の改革、財政再建、富国強兵の国策を強行することになった。

一方、文化、文政以来のインフレ、物価騰貴、さらに長崎警固費の急増などのため、藩財政は極度に窮迫し、大阪蔵屋敷、本藩、そして江戸の諸役人は「銀はないか、米はないか」と駆けずり回るだけであった。一方で商人には「すまぬ、あとしばらく猶予くれい」と頭を下げるばかりであった。それほど藩の台所は底をついていた。この藩財政のウミを洗い出すためには大手術が必要であった。

藩政改革と貿易

物価高騰に悩む一般庶民からも、この若い藩主は非常な期待と喜びをもって迎えられた。果たして直正は決行した。まず質素倹約の諭告を発した。それは「節用愛人」つまり「費用を節約し領民を愛する」ということである。まず自らどんな粗衣粗食でもする。〝佐賀の茶がゆ〟はこの時から始まったとされている。衣類もいっさいを綿服に改め、江戸参勤にも平気で綿服で行くといった徹底ぶりで勇ましく再建にのり出した。

直正の政策は小商人のごとく冗費を節約し、吝嗇(りんしょく)と言われるまでにぜいたくを禁じたといわれるほど徹底したのである。

参勤交代の宿場では「いやなお客は、鍋島、薩摩、五ツ（午後八時）泊りの、六ツ（午前六時）立ち」と歌われていたという。参勤交代には多くの費用がいるため、これを節約しようと、夜おそく宿につき、朝早く立つので、宿場のもうけは少なく、鍋島の吝嗇は宿場でも有名になった。このためこうした言葉が生まれたという。直正の政策はこのような消極面ばかりではなく、さらに進んで積極的に増産、資源開発、海外貿易にまで及んでいる。

十八世紀半ごろから始まった英国の産業革命は着々成功し、生産は急激に上昇しつつあった。そしてイギリスは農業国から工業国へと転換しはじめていたわけである。文化二年（一八〇五）にはトラファルガー沖海戦に勝ち、イギリスは七つの海を確実に支配し、東洋進攻の鉾は着実に進んでいた。

そのことは佐賀藩にも及び天保十一年（一八四〇）——直正入国後十年——アヘン戦争のため出動したイギリス軍艦の需要に応じ佐賀の石炭業界は活気づいた。弘化二年（一八四五）には国産方を設置、山代の炭鉱につづいて、長崎港外の高島や杵島の福母にも炭鉱が開発され、この石炭をはじめ、白ろう、小麦、陶器などを輸出して巨利を博し、直正は大阪商人から「経済大名」とよばれ、富国策は成功した。次は強兵だ。

長崎防備強化のための洋式軍備充実には、何より蘭学である。先決条件としてオランダ語修得が必要である。藩が正式に西洋導入にのりだしたのはこの時の直正の時代からである。

医学寮・蘭学寮

天保五年（一八三四）七月十六日、医学校（館）が設立された。校舎は八幡小路で、のちの水町昌庵の宅。文化三年古賀穀堂が藩主斉直に「学政管見」を上呈し、医学館設立の必要を主張してから二十八年たって実現したわけである。ちなみに同年伊東玄朴は、江戸で最初の訳書『医療正始』を出版している。

佐賀藩、種痘に成功

天保九年（一八三八）四月二十七日、医学出精者に対して、藩侯より唐紙を賜わる旨、当役安房より達しがあった。指南役でこの賞を受けた者は、寮監島本竜嘯をはじめ、馬島交岱、馬渡耕雲、古賀元泰、紀井春沢、牧元静であって島本以外は漢方医であった。同年伊東玄朴は『牛痘種法編』を出版している。直正はこのころから漸次医術を西洋式に改め、蘭学寮をおこす案を進めていたようである。

天保十四年（一八四三）十二月十五日、伊東玄朴が侍医を命ぜられている。また弘化元年（一八四四）七月十二日、大石良英を侍医に命じている。つづいて弘化四年（一八四七）六月十五日、大庭雪斎が御側医仰せ付けられている。

この時代、時々痘瘡が大流行をきたし、人々を苦しめていた。シーボルトに学んだ伊東玄朴は、その予防のため、牛痘苗輸入の件を藩主直正に進言していた。嘉永二年（一八四九）七月、バダビアから痘苗到着、藩医楢林宗建が長子永叔に接種して善感した。次いで八月には佐賀城内にて、直正の嫡子淳一郎（直大）君に接種成功した。こうして牛種痘は、佐賀藩全域に広がりをみせて、それは即ちに全国にも広まっていった。

この種痘の成功が、わが国の公衆衛生学の先駆といえる。当時の蘭学者としては、大庭雪斎、大石良英、山村良哲、杉谷雍介などがあったが、直正は医学から、一歩進んで、理化学やがて鉄製大砲製造へと夢を抱いていた。そのため佐野栄寿に嘉永三年（一八五〇）、伊東玄朴の象先堂塾にて蘭学修得を命じた。やがて佐野は、京都の化学工技者中村奇輔、但馬の理化学者石黒寛次、田中近江、儀右衛門父子を伴って帰国した。

鉄製大砲製造に着手

藩でも従来の格法を破り、異常の才能ある他国人を挙用して、鉄製大砲製造に着手することになった。時あたかも天保十年（一八三九）五月十四日、蛮社の獄起こり、蘭学圧迫時代であったから、直正の勇気と英断を賞すべきである。やがて火術方（嘉永六年二月設立）、精煉方（嘉永五年十一月）の機能も充実し、幕府の精煉方にくらべて、格段の業績をあげていた。そして日本最初の本格的反射炉（嘉永五年六月）も完成させ、諸藩中最大の海軍力を誇るまでに成長していった。

蘭学寮を設置

嘉永四年（一八五一）、医学校に蘭学寮が併設された。

直正公伝によれば『西洋の学芸を着々誘致したるは、実に西洋医学なり。今や火術機械を彼より採用するの必要に迫られたりしが、その研究には、蘭学を起こす必要あると共に、その科学を誘い得るものは、医師のほかにはなかりしかば、前に創めたる医学校をさらに改善し、併せて蘭学を創めんとして』蘭学校が設立された。つまり蘭学寮の目的は『火術発展のため』であった。教官は大庭雪斎、渋谷良次などの大家であったが、士中に就学を希望するものは僅少であり、直正公伝にも『蘭文は医師および微賤の者に読まれたるのみなりき』とある。

蘭学の興隆

しかしこの数年間の日本をとりまく国際情勢は実にめまぐるしいものであった。

▽弘化三年（一八四六）アメリカ船浦賀に来る
▽嘉永二年（一八四九）イギリス船浦賀に来る
▽嘉永四年（一八五一）オランダ公式に幕府に開国を進言す
▽嘉永五年（一八五二）ロシア船下田に来る
▽嘉永六年（一八五三）米使ペリー浦賀来航　ロシア使節プチャーチン長崎来航

▽安政二年（一八五五）幕府神奈川条約締結（和親）
▽安政三年（一八五六）米総領事ハリス着任
▽安政五年（一八五八）五国（米・蘭・露・英・仏）通商条約調印
▽安政六年（一八五九）神奈川、長崎、函館にて貿易開始

このような時勢の進運に従って、佐賀でも蘭語を知らずしては時勢は論じられない風となり、下級武士たちは立身の道が開けたとばかり、競って蘭学に進むようになった。このように蘭学希望者が増加するに反し、弘道館の寄宿生の数は年をおって減少するようになったのも時の流れであった。

そして安政元年（一八五四）六月には、蘭学校を火術方に移した。また学館書生中、学才優秀なる者を選び、その半数に蘭学修行を命じた。小出千之助、石丸虎五郎、江藤新平、中牟田倉之助などが入寮している。蘭学も当初は奨励的であったが今や必須の学問と位置付けられることとなった。次に蘭学寮の資格の改善を進めた。頭取の名称を教導と改め、大石良英、大庭雪斎があたり、教導差次に渋谷良次、指南役に永田玄洋、宮田魯斉、坂本徳之助、雇深川玄哲の名がある。

幕府が長崎に海軍伝習所

安政二年（一八五五）幕府でも天文方蕃所和解御用掛を独立させて洋学所として、頭取に侗庵の子古賀謹一郎を命じた。佐賀藩では直正が同年五月、蘭学寮を視察している。

なお、同年幕府は長崎に海軍伝習所を開設し、オランダ海軍将兵によって、直接海軍技術や医学

の伝習を受けることにした。幕府では、矢田堀鴻、勝麟太郎以下三十七人の学生を送り、また鍋島、黒田二藩をはじめ、薩、長、肥後、津、福山、掛川の諸藩も多くの伝習生を派遣し、その数は百二十九人の多数に上っている。教官は、はじめベルスライケン、カッテンディケ、続いて、有名なポンペが着任した。安政二年開講当時には、佐賀からは四十八人で諸藩中最も多く、その質も断然優れていたという。

好生館の設立

安政五年（一八五八）医学寮を八幡小路から水ヶ江村片田江、深堀半兵衛宅に移し、直正公の筆を染めて賜った『好生館』の額を掲げ、十月から開業した。教官は教頭大庭雪斎、大石良英、教導島田南嶺、永松玄洋、宮田魯斉、相良弘庵、教職山村良哲、楢林蒼寿、城島淡海、林梅馥、助手牧春堂などがあたった。

翌安政六年（一八五九）四月五日直正は蘭学寮を、同九日には好生館を視察し、職員を激励している。

当時の佐賀医界は、漢方医として西岡春益、松隈元南らが活躍し、蘭方医としては山村良哲、渋谷良益らが有名であり、牧春台、島田南嶺はむしろ折衷派ともいうべきであった。

このように好生館は直正善政のひとつの象徴として県民から広く親しまれているが、発足当時は、治療院として医学寮あるいは医学館といわれていたが、実は医学校を併設した形で、医育機関でもあったわけである。いわば今日の大学病院の先駆をなすものであった。ただ、現在の医科大学では付属病院となっているが、その当時のものは付属医学校であり病院が主であった。

こうした医学校は当時としては日本最新の医学校の一つであったと思われる。例えばお雇い教師第一号として有名なホンペの建言によって長崎に小島養生所がたてられ、臨床講義が始められたのが文久元年（一八六一）であるから、佐賀の医学館より二十七年後である。この医学館は明治になってからも、鍋島家からの補助によって続けられていたが、その経営は苦しかった。それは医学校の特色であり、誇りでもあった外人教師の高額な人件費のためであったようだ。

優遇された外人教師

好生館医学校では、ポルトガル人シモンス（明治四年）、米人ヨングハンス（明治五―六年）、カナダ人スロン（明治六年）、米人ジェスコン（明治八年）の名が残っている。しかし、何といってもドイツ人デーニッツが一番光っており、彼が明治九年に着任すると、県内外から患者が集まり門前市をなしたといわれるほどであった。明治十七年、彼の任期満了となるまでが、好生館と医学校の前期全盛時代であろう。彼等の俸給は月額三七五―五〇〇円であった。日本人教師三等医十円、二等医十二円、一等医十五円、病院長兼校長松隈尚賢が月二十円だから、外人教師は破格の優遇であったのである。

甲種医学校

明治十六年ごろは、新進医学士池田陽一、川原汎、およびデーニッツを教授として甲種医学校と称せられた。甲種医学校とは、規定の有資格教授三人以上を有する学校で、卒業生には無試験で、開業免状下付の特権を与えられたものである。この甲種医学校は、明治二十一年全国に五ヵ所の高等中学校医学部が設けられるまで存続したが、その後維持困難となり、さらに池田、川原医学士が佐賀を去り、甲種医学校の資格を消失した。しかも明治二十一年、県の補助が全廃され、医学校は廃止されたのであるが、まことに惜しいことであった。

病院の方もその後一時郡立、共立、ついには私立の状態となり、悲況におちいった。

復興機運もお流れ

明治二十七、八年ごろから、教育県佐賀の面目にかけて、復興すべしとの機運が県下に澎湃（ほうはい）として起こり、武富時敏、三好勝一、長谷川良之、竹下以善らが当局と折衝し、明治二十九年十二月、現在の好生館を起こし、順次改築拡張し、今日の発展を見ている。

しかし、医学校は再興出来ず、八十五年間がむなしく過ぎた。昭和三年には久留米に医専が設立され、佐賀でも医専を―との運動が、県議有志や宗教団体などで計画されたが、実現しなかった。

その他女子医専設立も計画されたが、お流れとなった。

それは、

県民世論が燃えなかったためか、県財政難のためか、当局に熱意がなかったのか、さだかでない。

ユニークな医科大学を

昭和十九年の佐賀市史には『目下福岡、長崎、熊本などに医科大学あり、久留米に医学校あり、往昔世間に範を垂れていた我が佐賀には、折角あった医学校さえ廃校して、此等地方にて学ばねばならぬとは痛恨事というべきではなかろうか。顧みて恥ずるところはなきや』と嘆じている。

しかし、その後昭和五十一年には国立医科大学もできることになった。まことにめでたいことである。ガン死亡率全国一、結核第二位、また日本住血吸虫病という風土病もある。農夫病もある。これら難問をとらえた特色あるユニークな医科大学が創設されることを期待している。

佐賀藩が他藩にさきがけて、種痘の普及、反射炉の建設、近代兵器の開発をなしとげた業績は忘れてはならない。この意味で、佐賀の蘭学者たちが日本文化史上に残した足跡はきわめて大きい。

封建暗黒時代に不完全な辞書をたよりに、学問探求の灯を点じ、行者のごとき苦行に耐えた姿がしのばれる。

医学校から百四十年

なかには実力を認められ、名門の権勢に結ばれ幕府医官の地位を占めた幸運児もあり、またなかには俸禄（ほうろく）を好まず、庶民の友として町医者にさすらいながら医療を楽しんだ名医もいた。佐賀藩に医学校が建てられてから百四十年、蘭学校が設けられてから百二十年たった。

ここで長崎出島からさしこむ薄明の光のなかで、模索し続けた先覚者たちの苦難の足跡をたずね、非凡な人間像にふれてみたい。

朝顔の　さまざま色を　尽すかな
正岡子規

古賀アカデミー

古賀精里は、幼名を文太郎、通称を弥助といい、佐賀藩第一の学者であった。寛延三年十月二十日、忠兵衛忠能の長男として佐賀郡西川副村西古賀に生まれた。のち京都の西依成斉の門に学び、陽明学から専ら朱子学に帰し、帰国後藩主治茂に重用され、天明元年藩校弘道館の創立の任に当たり、学則を定めかつ初代教授となり、諸説を排して朱子学に統一し、藩学の基礎を築き、また請われて政治にも参与した。寛政三年江戸に遊学、寛政八年幕府儒員に召されて昌平黌教授となり、学問所教授に進み、東西諸藩から来り学ぶ者多く、寛政の三助・三博士（柴野立山　彦助、尾藤二洲　良佐、古賀精里　弥助）と称された。学問ばかりでなく藩主治茂が中興の治績をあげたのも精里の進言による所が少なくなかった。

ロシア研究の精里

江戸開府以来百五十年、世は太平の夢にふけっていたころ、ロシア船が日本北辺に出没しはじめた。田沼全盛の安永八年には蝦夷（エゾ）に来て、通商を要求してきたために老中松平定信の命により、精里はロシア研究をはじめた。そして寛政五年幕府は海防対策として次の三項を実施した。

一、沿岸諸藩に対し海防を厳命した

二、江戸湾に防備施設を構築させた
三、蝦夷地を天領として直接管理した

穀堂、藩再建に功績

長子穀堂は、安永六年十二月五日、城下西精町に生まれた。後江戸に遊学、帰藩後弘道館教授となった儒者政治家である。文政二年四十三歳のとき、世子直正（六歳）の侍講御側頭すなわち輔導主任となり、六十歳で死ぬまで十八年間公を輔佐し、藩政立て直しの大業を助けた第一の功労者であった。著に「穀堂遺稿」、「穀堂日記」、「済急封事」、「学政管見」などがある。

文化元年ロシア使節レザノフが長崎に入港し通商を要求したのを転機として、ロシア研究をさらに進め、弘道館改革論のうちで蘭学奨励と海防論を強く主張した。

文化五年八月十五日早朝、異国船入港の報をきき、穀堂は『オロシア人の船ならん』と驚いたが実はイギリス船フェートン号であった。この事件によって藩も国も北のオロシアだけを警戒していたが、改めて西のエゲレスの恐ろしさを身にしみて感じたわけである。

古賀侗庵、名は煜、通称小太郎といった。精里の三男で天明八年生まれ、博覧強記の努力家で、文化十一年幕府御儒者に挙げられ、父子相並んで昌平黌の教授となり学政に参与した。彼もまた父の影響をうけ、海防に腐心し、『海防憶測』の著がある。その他著述百二十一巻あり、頼山陽（久太郎）亀井昭陽（晃太郎）と並んで文政の三太郎と称せられた。

古賀謹堂、謹一郎は侗庵の子で、初め儒を学び、後洋学を志し、洋学所頭取、藩所調所学監に進んだ幕末佐賀藩出身第一の西洋通であり、外交家でもあった。そして嘉永六年、長崎、下田で露国使節に応接、安政元年、日露和親条約締結にもたずさわった。

このように古賀一門は、著名な儒者であり、海防に熱意を燃やした洋学者一族であった。

穀堂が「学政管見」を具申してから二十八年後、医学寮、四十八年後に蘭学寮が設立された。直正公伝には『古賀穀堂の早く西洋学の必要を論じた』『弟侗庵の博識にして、幕府儒者中、最も西洋学に注意講究したる人なり』とあるように、佐賀藩は早くから西洋事情に敏感であった。

その後の佐賀蘭学のなめらかな発展の裏には、古賀一門の学制改革、海防思想を藩主直正が採用し勇敢に実施するなど強いリーダーシップを発揮したことと、それに応じて、長崎での佐賀藩伝習生たちの血のにじむような努力、精煉方の杉谷たちの刻苦勉励のあることを忘れてはならない。

佐賀蘭学の父・

島本　良順

島本良順は、もと漢方の町医者であった。良順号は竜嘯とも竜昌とも書かれている。生年は不明。代々漢方医の家で、父は良橘といって蓮池町に開業していた。そのころ中央では『解体新書』の出版から二十年ほどすぎて蘭学も急速に普及しつつあった。そして宇田川玄随の『西説内科撰要』（第一巻一七九二年刊行）が世に出たのに刺激され、良順は一念発起し、長崎に出て、猪俣伝次右衛門について蘭学の教えを受けた。寛政の末、佐賀に帰り、文化の初めごろから蓮池町で開業。一方門弟を集めて蘭学の講義を始めた。

しかし一八〇〇年といえば、ロシアの黒船が北辺に出没するため、蝦夷奉行が置かれたころとはいえ、佐賀藩のような閉鎖的保守的風土のなかでは、新しい西洋医術はまだ日の目を見ることは困難であり、白い目を浴びている蘭方医の生計は苦しかった。しかし良順は屈せず学究生活を続け、大阪の緒方洪庵とも親交を結んだ。

良順の高度の学識

良順の学識は、門弟金武良哲の自写した書名より見れば、相当高度のものであったらしい。すなわち一八二七年版チットマン外科書を教科書として用いたようである。なお、条理学、魂学、性理学、動物学、獣学、植物学、金石学、開物学、幾何学、地理学、診療学、占機学、検薬学、調剤学、摂生学などの学術名が金武のノートに残っているところから、自然科学、数学などの基礎学にまで及ぶ広範のものであったらしい。良順の学究肌の真摯な診療ぶりと、学識は次第に認められて、金武良哲、福地道林、伊東玄朴、大庭雪斎など次第に入門者も増加して塾は活気づいてきた。直正公伝には『文化以来及門の子弟やや多く……』と微妙な表現をしている。

時局の要求をいちはやく感じとった直正は、天保五年（一八三四）七月十六日医学寮（医学校）を設立した。校舎は八幡小路で、後の水町昌庵宅で、良順は蘭医として初めて寮監となった。直正伝には『医学寮は当初漢方を教授する所なりしも、竜嘯寮監となり、蘭学を加えた』とある。つづいて天保九年（一八三八）四月二十七日医学出精者に対して藩侯から唐紙を賜わる旨、当役安房から達しがあった。指南方でこの賞賜を受けたる者は寮監島本竜嘯をはじめ、馬島文岱、馬渡耕雲、古賀元泰、紀井春次、牧元静の六人であった。竜嘯以外は漢方医であった。

このようにして人柄、学力ともに認められ、良順は蓮池藩の侍医に抜てきされた。蓮池藩主鍋島直興（八代藩主）は有名な蘭癖大名であった。当時蘭癖大名とよばれた藩主のなかには、藩主個人の嗜好、趣味という性格が強く、家臣を長崎に派し、オランダ渡りの珍品をおびただしく集めて楽しむ人が多かった。なかにはオランダ器物を、価を問わず蒐集し、邸内に和蘭室を造り、ガラスを回して自慢していた藩主もあった。直興は自ら『仏蘭察誌』『欧羅巴諸図』の著述もあり、軍備近代化に努力し、高見浅五郎を長崎から招聘し、鎔鉄所を設置、砲数十門を鋳造し、また長崎から高島秋帆門下の洋学者山本晴美を砲術師範として招いている。また伊東玄朴の象先堂塾姓名録には同藩千々岩了の名もある。

寂しい晩年

幕末天下に誇った佐賀蘭学の先駆者島本良順もこのような数々の偉業をなしながら、報いられることも少なく、嘉永元年（一八四八）十一月十三日寂しく病没した。呉服町光明寺に葬ったが、のち柳町専福寺に改葬した。

その墓は専福寺墓地の東すみにある二十基ばかりの無縁仏のなかに埋もれて、だれ一人顧みる者もなく、寂しく風雨にさらされている。それは佐賀蘭学の唱道者としてまことにふさわしくない。さきに伊東玄朴の象先堂にて、緒方洪庵などとともに、月雪花の一といわれた俊才大石良英（蘭学寮教導）の墓も願正寺に無縁仏となっている。先覚者の没後はあまりにも寂しいことではないだろうか。良順は偉大なる蘭学者としてだけでなく、人を見抜く眼力を備えた人でもあった。伊東玄朴の鬼才を見抜き、また医学者、科学者、数学者としての金武良哲を育てた教育者でもあった。現代人は、もう少し偉大なる先人を遇する道を考えるべきではあるまいか。

（注・その後、現在は県医師会有志により改葬されている）

わが国医学近代化のリーダー

伊東玄朴

疱瘡

古来疫病ほど人々を恐れさせたものはない。江戸時代までの人々の科学知識は極めて幼稚で伝染病とか病源菌については無知に等しかったので、さまざまの悪霊のたたりだと解して極度に恐れるだけであった。

なかでも疱瘡(とうそう)は、わが国で一番古くから知られており、奈良時代に朝鮮や中国との交流が盛んになってから渡来したものである。

わが国の史籍に、疱瘡流行が初めて載せられたのは、天平七年(七三五)太宰府管内から起こり全国に広がった時とされている。

県下では七回流行

本県での疱瘡流行の記録としては、元禄二年、明和八年、安永三年、寛政六年、享和元年、弘化三年、嘉永四年に流行を記してある。

元来人間は、痘瘡ビールスに対する感受性が極めて強く、種痘法の知られていなかった時代では、人類最大の脅威であり、死亡率は五〇％にも及んだ。幸い生命をとりとめても、一生消えない醜い瘢痕（はんこん）を残す恐ろしい疫病であった。

だからその完全な予防法を発見したイギリスの医師ジェンナーの功績はきわめて偉大である。

それまでのわが国での、痘瘡についての知識は、まことに非科学的で幼稚なものであった。発病すれば山の中に隔離され、あたかも罪人同様に扱われていた。『痘瘡問答』には『肥前大村及肥後天草の如き、もし痘瘡おこれば、父母兄弟、妻子の別なく、皆これを山野にすて、決してこれを顧みず、唯その死生のままにして治療を加ふることなし』とある。有効な治療法を知らないため、庶民は民間に伝わった療法、というより加持祈とうにすがるのみであった。

牛津に伝わる療法

そのころ牛津の野田家に伝わる療法は次のようなものであった。

痘瘡毒ニ当リタル時ハナスビノ味噌漬ノツウヲ喰セテ毒消スベシ。
トコウラ、大明神ヲ祈念致シテヨシ。
疱瘡前ニハサイ角ナドヲ飲マセテヨシ。
白石ノ福泉寺ノ疱瘡守ヲ請掛ルヘシ。
蠅ヲセイバイ（成敗）スル。

蝿による伝染病と思っていたらしいがまことに他愛ないものである。

ジェンナーの完成した牛痘接種法が、日本に伝来するのには、半世紀もかかっている。中国では早くから牛痘法が伝わっており、『引痘新法全書』という本として日本にも紹介されていた。

嘉永二年牛痘種の成功

佐賀では鍋島直正が家督を相続したのが天保元年であるから、公は藩内での悲惨な流行を目撃しているわけである。当時江戸に出て、蘭医として、頭角をあらわしてきた伊東玄朴を士籍に列し、一代侍、七人扶持待遇の大抜てきをなしたのが天保二年十二月十五日である。早速玄朴は、新知識すなわち種痘法を進言した。直正は喜んで『是は人民の生命に関する仁述なり。その痘種を輸入して我子弟を始め家中一般に広めん』と、長崎在住の藩医楢林宗建をして、オランダ商館長レフィリンに牛痘苗輸入方を依頼した。その結果バタビアから痘痂が嘉永二年七月、出島についた。宗建は七月十七日長子永叔（十一歳）に植え善感したので、一同非常に喜んだ。引き続き長崎で多数の子供に植え成功した。その結果を佐賀に報告したから、直正も満足し、藩医大石良英を長崎に派遣し、実地にこれを検分し、これをたしかめ、宗建、永叔とともに八月六日佐賀に到着した。

藩に引痘方を設置

直正は早速宗建を外見して、その功を賞し、侍医佐野儒仙、林海馥、島田南領、牧春堂等を召して、まず医師の小児に植えたところ、皆善感して良痘種を発した。その醸膿の好期を待って八月二十二日本丸の奥で、四歳の世子淳一郎君に植え、つぎに弟直次郎君に植えたが、皆好感した。家中では好寄のことと疑い、あるいは切支丹魔法といって嫌う頑固者もあったが、大多数は若殿様の貴い種のお流れといって、これを頂いて植えて光栄としたので、忽ち広まった。藩でも嘉永四年から、引痘方を設置して領内の民へ普及につとめた。

立　志

語学力と政治力

伊東玄朴は、幕末蘭方医を代表する立場にあった医人で、シーボルト直伝の蘭学で、語学力が抜群だったばかりでなく、永い伝統を持つ漢方医に対抗して、蘭方医の地位を確保するため、巧みな政治力を発揮した人であった。彼の数ある功績のなかで、特に胸をうつのは、彼が日本の長い医学史のなかで、個人医療の域を脱して、はじめて種痘普及と言う公衆衛生事業を試み、これに成功し、現在の東大医学部の前身をなしたお玉ヶ池種痘所の創設者の一人であるということである。

玄朴は寛政十二年（一八〇〇）十二月二十八日、神埼郡仁比山村の農家執行重助の長男として生まれた。幼名を勘造といい、頭のよい読書好きな気の強い少年であった。十三歳のとき不動院住職について漢学を学んだが、腕白がひどく師のいうことをきかず、破門されそうになったこともある。

このように剛毅な性質の勘造は農耕以外の立身の道を求めて、医者になる決心をして、隣村小渕の漢方医古川左庵の内弟子となり住みこんだ。医をもって身を立てようと決心した勘造は、毎朝、日吉神社にお参りして、四年間一日も休むことがなかった。

文政元年十一月勘造十八歳のとき、父の死に遭い、翌年家に帰って医術をもって開業したが、熱心で懇切丁寧な診療に患者も次第にふえ、かなりな成功を収めた。四年間で父の旧債を償還し、新しく田畑を買って家督を弟に譲った。一人前の医師になるには、もっと新しい医学を勉強しなければならぬと思い、文政五年二十二歳のとき佐賀に出て、蘭方医島本良順の門人となった。

このような経過を見ると、勘造がどんなに強じんな性格であったかが察せられる。師の良順も凡医ではなかった。勘造にオランダ語の手ほどきをするうち、たちまち彼の英才を看破し、佐賀のような小天地に蟠踞（ばんきょ）させるべきでないと思い、知人の長崎西山の安禅寺住職澄運に紹介し、本場長崎で蘭方医学の勉強をすることを勧めた。

長崎で蘭学を学ぶ

向学心にもえる勘造は、師の好意に深く感謝し、文政六年長崎に赴き、安禅寺の寺男として働き、蘭通詞猪俣伝次右衛門について蘭学を学んだ。彼は朝早く起きると、寺男としての仕事に精を出した。一応の仕事が終わってから、猪俣の塾へ急いだ。猪俣の門下生はほとんど皆由緒ある各藩の医家やその子弟で、例外なくぜいたくな遊学生ばかりであった。貧書生の勘造は彼等から離れて、独り勉学に専心した。そのころ彼の弁当の中身は、常にイモかおからであった。猪俣はかわいそうだと、特に目をかけてやり、また妻も深く同情して米飯と魚を入れて与えたりした。そして自分はおからが好きだから交換したのだと言ったので、勘造はその好意を感謝して、ひたすら勉強にはげんだ。

そのうち澄運が寺を去ったので、勘造は猪俣に懇願して、下男同様の仕事をすることにして住込みとなった。彼は友人たちとも交際せず、寸暇をさいて勉強にはげんだので門人たちは〝馬鹿勘〟とあざけった。

シーボルト来朝

そのように苦労してオランダ語ととりくんでいた勘造にとって幸運なことに、文政六年八月八日シーボルトが来朝した。鳴滝塾が始まったのが翌文政七年であった。勘造は全国から集まった蘭書生とともに、シーボルトの講義を聴講することができた。

シーボルトは文政九年（一八二六）二月十九日、商館長に従って江戸参府の旅にたち、天文方の高橋景保はじめ多くの学者に接し、彼等を啓発するところが多かった。その時猪俣はその子源三郎、娘てるおよび勘造と共に同行したが、途中駿州沼津で四月十二日病死した。その遺言によって、後年勘造は師の娘、てると結婚することになる。江戸に出た勘造は源三郎とともに蔵前天文方役宅にて蘭学の教授をした。

医　業

シーボルト事件

勘造は文政七年、二十四歳ごろから、文政十一年二十八歳ごろまで、シーボルトについて学んだのだから、蘭医としての語学力も学識も、この間にみっちり培われたのであろう。

シーボルトは一ヵ月間江戸に滞在し、五月一日将軍家斉に謁見して、同月十八日江戸を出発、七月七日長崎に帰着した。

翌文政七年、勘造は佐賀へ帰る用件が出来た。彼の帰郷の際源三郎から高橋作左衛門に依頼された品物（実は中身は日本地図）をシーボルトに渡すよう命じられたのである。

勘造の追求始まる

翌十一年十月十日浅草の天文台下に住む高橋作左衛門の捕縛によってシーボルト事件が起こり、多数の関係者が出て、勘造に対する追求も始まった。久米博士九十年回顧録にいわく、『去る文政戊子の大風に長崎停泊の蘭船が破損し、その荷揚げの際、蘭医シーボルトの荷物から、我国禁制の書籍が現れたので、江戸に一大疑獄が起こり、幕吏は浅草蔵前の天文台下に住する高橋景保を拘引して糺問の末、佐賀藩の蘭学者執行勘造に連累した。勘造は猪俣源三郎の妹を娶って、天文台の舎宅に同居したが、彼の講義はさすがシーボルトの直伝で理路明晰、入門者多く、たちまちその名声は江戸中に広がり、古賀穀堂、伺庵も西洋知識吸収の必要を知る故に、勘造を将来有望の者と愛重していた。

高橋景保はシーボルトの居を訪ねて質問をし、彼が所持するナポレオン戦争記を見、これを翻訳して西洋の大勢を世に知らせようと思い、『この書を譲ってくれ』と相談したところ、シーボルトは『日本地図と交換したい』と懇望したので、高橋はやむをえず十余種の地図を贈ると約したが、シーボルトは長崎に帰ったので、勘造帰郷の際、地図を猪俣源三郎から勘造に託してシーボルトに贈った。これが勘造に連累された理由である。勘造は託送の品物をシーボルトに渡した後、肥後熊本の友人が嘱託の翻訳などをして、再び江戸に上り、藩邸に届け出たが、藩邸では勘造の嫌疑を免れさせようと苦心中であって、穀堂らが尋問したが、源三郎の委託を受けてシーボルトに品物を渡したのは、全くの事実と分った。伺庵は儒者で、この事件の掛員筒井肥前守政憲はその門人であるから、幕府糺問の次第は大略探知されていた。当時の習いとして、江戸往来の便に荷物を託送するのは普通のことで、ただそれだけでは罪を構成せぬことを察し、藩邸で熟議、平民として出廷すればすぐに下獄されるゆえ、執行勘造とは修学中の名で、実は松平肥前守家来伊東仁兵衛の二男玄朴と届け出て自首させた。これが勘造が伊東玄朴となった原由である』

シーボルト海外追放

シーボルトはスパイ容疑できびしい取り調べを受け、この事件は翌々年に及び、彼は海外追放となり文政十二年十二月八日長崎を去った。禁制品日本地図を贈った高橋景保は獄中で病死したので、その死がいは塩づけにされていたが、国法違反のかどで改めて死罪にかけられ、その子二人は遠島、門人五十余人も処罰された。猪俣源三郎は獄死した。この頃より、玄朴は母方の士分伊東祐養の養子として祐診（仁兵衛）の弟ということになった。

玄朴、新しい人生へ

シーボルト事件は、高野長英が『蛮社遭厄小記』に『是ニ因テ蛮学者流一時大ニ畏縮シ、蛮学頓ニ衰ヘヌ』と述べているように、蘭学者たちに与えた影響は実に深刻なものがあった。これから彼らに対する当局の圧迫は次第に強くなり、十年後天保十年には『蛮社の獄』が起こり、それから更に十年以上も蘭学者受難の時代が続いた。

玄朴尋問にあたった町奉行筒井肥前守は、玄朴が進んで出頭したこと、その申し開きも整然として筋が通っていることを認め、おとがめなしとし無罪放免した。筒井は幕府儒者古賀侗庵の門人であったことも、玄朴詮議にあたってなにかと彼に幸いしたと思われる。

こうして、シーボルト事件の無事解決は、玄朴の人生に新しい光明を与えた。

医名都下にひびく

玄朴は文政十一年本所番場町で蘭医として開業し、かたわら蘭学を教えはじめた。時に二十九歳であった。この年、猪俣伝次右衛門の娘てると結婚した。このとき先輩の蘭学者青地林宗から金五両を借りたという。しかし初めは患者も少なく、閑散たるものであった。それがたまたま小梅村の貿易商の息子が馬脾風（ジフテリア）で危篤であったのを全快させ、また幕府の植木師某の子を助け、それから馬脾風往診に東奔西走し、名声は次第に上がった。翌文政十二年、下谷長者町に居を移したが、ここでも彼の懇切熱心な診療態度は大いにうけて、医名は都下にひびくようになった。

しかし、翌年三月二十一日、近くで発生した火事によって玄朴の家も不幸にも類焼して無一文になってしまったが、玄朴は不屈の魂ですぐに立ち上がったのであった。

蘭学三大家の一人に

この年十一月十日付で、蘭方医坪井信道が大阪で開業していた岡研介にあてた手紙には、文政末期の江戸蘭学界の沈滞を訴えている。

曰く

『江戸洋学多数御座候へども多分山師俗子のみ、一もとるにたり不中、唯々一時の虚名と小判を貪る輩のみにて、憤慨に堪えず候』

このような江戸蘭学界の不振も、その後の信道自身の発憤と玄朴の台頭によって数年のうちに活気を呈してきた。

すなわち一年後の天保二年十二月十五日玄朴は佐賀藩鍋島直正が江戸に出た時『一代士』に召し出された。

伊東仁兵衛弟　伊東玄朴

其方儀蘭学医術抜群上達ノ向ヲ以テ御用ニモ可相立ニ付七人扶持被下置一代士ニ被召出旨被仰出候

こうして玄朴は農家の身分から士分に昇格し、彼の前途は大きく開けた。

天保四年玄朴は、下谷御徒町に大きな邸宅を新築し、医業のかたわら蘭学塾を開いた。表口二十四間、奥行三十間の堂々たるもので、間部詮勝筆の「象先堂」の額を掲げた。象先の名は親友大槻磐溪の撰である。時に玄朴三十四歳。戸塚静海、坪井信道と並んで江戸蘭学三大家と言われるほどに名をなしていた。そして象先堂に最初に入門したのは佐賀の門地高い医家上村春庵（上村家四代目）であった。

弾圧される西洋医学

このようにして玄朴等を中心として、蘭方医学が日々隆盛になるのだが、『解体新書』出版以降、漢方医学の激しい反発が、さらに強くしばしば加えられるようになった。

天保末ごろには、続く大凶作とインフルエンザ、天然痘の流行によって人心不安におちいり、国家経済と社会秩序は危機に瀕し、大塩平八郎のように直接行動に出る者まで現れた。ために幕府は、崩れかかった封建体制を維持し、その権力を誇示するため、非常手段として天保の改革を断行した。この大改革では、政権担当者としての威信を示すため、新思想の原動力とにらまれた蘭学と西洋医学の弾圧政策に及んできた。

一方長い伝統を固守せんとする幕府直轄の医学館を拠点として、反撃に出たのが多紀氏を中心とする漢方医師たちである。彼らは巧みに政治権力と結んで陰険な圧迫を加えてきた。こうして天保十年から嘉永七年ごろまでが蘭学圧迫時代となる。

多紀元昕（安良）は八代元胤の長子で、文政十年八月四日父の死に遭い、その後をついで医学館督事を命ぜられ、天保六年十二月法眼に叙せられ、嘉永六年九月には奥医師となり、将軍はじめ幕閣の信頼が厚く、彼が医学館を主裁している間、古医書の復刻などの功によってしばしば賞を授かっている。

安紀元堅は元胤の弟で、天保二年医学館講書を命ぜられ、同六年奥詰め医師となって、将軍家斉担当を命ぜられ、同十二年再び奥医師となり、次いで医学館世話役を命ぜられた。

この元昕、元堅の二人が漢方側実力者として、蘭方医圧迫の急先鋒であった。

蘭方禁止令出る

天保十年蛮社の獄発生以後のおもな事件と玄朴の動きを年代順にたどってみたい。

天保十年（一八三九）十二月十八日、江戸町奉行は開国論の先導役であった渡辺華山、高野長英を獄に下した。

天保十三年（一八四二）六月十日、翻訳書出版は医学館で検討の上、町奉行の許可を得ることとした。

天保十四年（一八四三）十二月十五日、玄朴は鍋島直正の御匙医となる。

同年、板倉侯、戸田侯からも扶持を給せらる。

弘化二年（一八四五）七月、翻訳書の出版すべて天文台の許可制とする。

同年五月二十九日、玄朴は鍋島直正娘貢姫および安二郎殿療養方仰せ付けられる。

弘化四年（一八四七）六月十五日、玄朴は鍋島直正御側医となる。

同年八月二十八日、玄朴は鍋島猶姫君付、十一月五日筆姫君付仰せ付けられる。

嘉永二年（一八四九）二月十五日、蘭方禁止令出る。これにより外科と眼科をのぞき、蘭方を行うことを禁じられた。ちょうどこの年七月、玄朴から緒方洪庵にあてた手紙に『当年は坪井信道翁もいられず（前年十一月八日没）私一人老人株にて』とことわって、『この節は西洋宗色々故障等出来掛り居候処…実に大切な処に御座候。両法印（両国の法印すなわち多紀元堅楽真院）は一切制禁の工夫最中に御座候。私杯は極めて目的に相成、張り合居候処に御座候』と述べている。当時、玄朴の年齢に近い蘭学者は、戸塚静雄（一七九九年生）、箕作阮甫（一七九九年生）、堀内素堂（一八〇一年生）、竹内玄同（一八〇四年生）などがある。五十歳の玄朴が『私一人老人株』といい『私杯は極めて目的に相成、張り合居候処に御座候』といっているのは、彼の性格と蘭方医代表としての意気をよく表現している。

嘉永三年（一八五〇）九月二十一日、長崎奉行に命じ輸入洋書を検閲させる。同年十月、かねて脱獄逃亡中の高野長英発覚して自刃す。

嘉永六年（一八五三）ペリー浦賀に来航。

安政二年（一八五五）十二月、従来天文台にて蛮書和解御用として訳官をおいていたのを独立させ、洋学所と称す。

安政三年（一八五六）洋学所を蛮書調所と改め、洋学が初めて公式に幕府の採用するところとなった。

玄朴奥医師の法眼に

安政五年（一八五八）玄朴の代表作『医療正始』は、ビショップのドイツ語原書の蘭訳を訳したもので、八編二十四冊からなり、天保六年から十八年かかって、この年に完結をみた。

同年、安政の大獄が起こり、天下騒然としたなかで、将軍家定の病が篤（あつ）くなった。脚気（かっけ）衝心の症状で、漢方医家の治療も効果がなかったので、窮余の策として玄朴を登用することになった。七月三日、にわかに蘭学禁止令をとき、玄朴を奥医師に任じた。

安政五年十一月二十三日、玄朴は法橋に叙せられ、続いて法眼に進んだ。

安政五年は、玄朴にとっても、蘭学にとっても、そして医学の近代化にとっても、正しく画期的な一年となった。

麻酔薬で手術

文久元年（一八六一）四月、将軍家茂が発熱、玄朴は診察の後、常用の健胃剤をやめて旗那飲をすすめたところ平癒（ゆ）した。同年五月八日、玄朴は硫酸、塩酸、硝酸など二十一種類の製薬を願い出て、二の丸製薬所で製薬することを許可された。同年六月三日、玄朴が五十八歳のとき、吉原の幇間（ほうかん）桜川善孝の子由次郎が脱疽（だっそ）にかかったのを診察し、クロロホルムを使用して自ら執刀し、一脚を切断した。クロロホルムを麻酔薬に使用したのはこれが初めてである。由次郎は全治してから隻脚で舞ったという。同年十一月、皇女和宮降嫁されたが、二十五日大奥で玄朴が拝診した。

同年十二月十六日、玄朴は法印に叙せられ『長春院』と称した。蘭方医で法印は初めての事であった。

文久二年（一八六二）六月二十七日、玄朴は幕命によって松平春嶽の診察をした。春嶽は田安家の出身であり、奢侈（しゃし）を戒めて、大砲を作り、種痘の普及につとめ、のち明治維新後、民部卿、大蔵卿となった幕末の進歩的名君であった。

同年秋、全国的に麻疹＝はしか＝が流行、将軍、和宮、天璋院も罹患し、玄朴の治療によって全治した。

同年十一月、医学書頭取大槻俊斎が重症となり、ついに没したので、玄朴の推薦による大阪の緒方洪庵が奥医師兼医学所頭取となった。

玄朴死去

文久三年（一八六三）五月二十五日、玄朴は奥医師を免ぜられた。六十三歳であった。

慶応四年（一八六八）二月十七日、六十八歳の玄朴は老齢のため隠居願いを出し、家督を嗣子の玄伯に譲った。

同年五月、上野戦争が起こったので横浜に逃れ、長翁と名乗り、弁天通り四丁目、呉服商松木屋に寓居した。

明治四年（一八七一）一月二日、玄朴は病を得て死去した。時に七十一歳だった。遺体は東京下谷三崎町の天竜院に埋葬された。

お玉ヶ池種痘所

全国に広まる種痘

嘉永二年七月、長崎と佐賀で種痘が成功してから、牛痘法は意外に早く全国的に広がっていった。

同年九月二十一日には三宅春令が広島で行い、九月二十二日には長崎の通詞顚川四郎八の送った痘苗が京都の蘭医日野鼎哉のもとにつき、彼はただちに孫ら数人の子供に植え、成功した。これが京都での種痘の始まりで、引き続いて京都の「除痘館」が新町に設けられたのが、十月十六日のことである。

福井藩医の笠原良策は京都の日野鼎哉の門人で、師弟ともに以前から牛痘法の実施を念願していた。良策はモーニッケ痘苗のうわさを聞き、藩主松平春嶽の命によって、九月末長崎に行くべく福井を出発した。十月五日、京都に着き、すでに痘苗が四郎八から鼎哉に送られて善感しているので、痘苗を分けてもらい、福井に持ち帰った。そして痘苗は福井から武生、鯖江、大野、敦賀へ、またさらに金沢や富山にも分苗されていった。

大阪では緒方洪庵の依頼によって、十一月七日、鼎哉、良策から洪庵に分苗する儀式がおごそかに行われ「除痘館」が発足した。このようにして種痘事業は、佐賀藩では藩事業として行われ、京都、大阪でも意外に早く組織化されて広がっていった。

しかし洪庵の「除痘館記録」に「然るに都下悪説流布して牛痘は益なきのみならず、却って児体に害ありといい、これを信ずる者一人もこれなきに至れり。ここに於て己を得ず頗る米銭を費やし、一会ごとに四、五人の貧児を雇い、かつ四方に奔走してこれを諭し、これを勧め、辛うじて綿々その苗を連続せること三、四年、漸くにして再び信用せらるることを得たり」とあるように、京阪でも牛痘法のたどった道は必ずしも平坦ではなかった。

当時、京都から福井まで十日間の距離があり、種の植えつぎのため、その子供たちとその両親を合わせた一行十三人の一団が、雪の峠を越える難行軍をあえて行い、種痘の普及につとめたのである。

江戸での種痘

嘉永二年十月、鍋島直正は江戸参府の際、侍医島田南嶽をして痘種を持参させ、十一月十一日、江戸到着後、伊東玄朴に命じて、公の長女貢姫（十一歳）に植えさせた。玄朴は承知して、まず自分の娘お春に植え、善感したので、これをつれて、大石良英、佐野儒山（常民の養父）、水町昌庵、牧春堂の立ち会いで貢姫に接種し成功した。十八日、その余苗を深川の小児科医桑田立斎ら数人に分け与えた。立斎は種痘の図を錦（にしき）絵数種に描き、大いに世に広めた。翌年十二月までに彼の手で接種した小児は千二十八人に達したという。

蘭方禁止令

次第に凋落の道をたどっていたとはいえ、江戸では長い伝統を持つ漢方が幕末まで医学の主流であり、官学としての漢方の本拠である医学館の圧力もあり、京都、大阪にくらべ種痘の組織化は十年近くも遅れた。

当時、江戸漢方医家の頭目として、医界を牛耳っていたのは、医学館の督事・多紀元昕（安良）

と、その世話役・元堅（安叔）であった。

このような実力者安良、安叔の二人が蘭方医術を禁止すべし―と主張した。特に安叔の主張は最も強硬であった。ついに幕府もこれに動かされて、嘉永二年三月七日、阿部伊勢守の名をもって「蘭方禁止令」が布達され、蘭方医たちは手も足も出なくなった。

種痘の妙法を求めて殺到

しかし、至妙なる天の配剤というか、三ヵ月後の七月十七日、長崎でモーニッケおよび楢林宗建らによって牛痘接種が成功し、たちまち長崎や佐賀をはじめ、大阪、京都など各地の雄藩において公然と除痘館が開設された。いつの世でも庶民は仁術を求めているということだろうか、各地で何万もの人たちが小児の生命を確実に救う妙法を求めて殺到した。

蘭方医術禁止令の直後に牛痘法が伝来したことは、江戸蘭方医たちにとっても、まさに起死回生の福音であった。いかに頑迷な幕吏でも、種痘の卓絶した効果は認めざるを得なかった。

当時、まだ無医地区であった蝦夷に痘瘡が流行し、悲惨な状態を呈していたので、安政四年三月八日、江戸府内の町年寄から「東西蝦夷に三人ずつ、六人の牛痘法の心得ある医師を募集する」という布達が発せられた。こうなっては江戸の幕吏も種痘の効力を公認したことになるので、江戸の蘭方医たちは、この時とばかり地方と同じく江戸にも除痘館を設けようとの声をあげた。

玄朴はこの時も生来の俊敏性を発揮し、自ら主導者となって、安政四年八月、大槻俊斉宅に伊東玄朴、戸塚静海、竹内玄洞、林洞海、箕作阮甫、三宅良斉ほか四人と、仙台水沢出身の斎藤源蔵ら十二人が集まって協議した。その協議内容については、記録がないからわからないが、この機会に各地と同じように除痘館を設置し、世の人をして不足なく種痘が受けられるような組織を作り、蘭方医家再起の橋頭堡にしようと企画したものと思われる。

そこで適当な土地を物色することになり、かねてから洋学に好意を持っている新進気鋭の勘定奉行川路聖謨の拝領地である神田お玉ヶ池松枝町元誓願寺前の下屋敷の一部を借り受け、そこに種痘所を建設することになり、聖謨の同意を得た。しかし、聖謨としても、当時は洋学弾圧時代であったから、拝領地を無断で禁制の蘭方医に使用させては、後の咎めもあるので一応公儀の内意を伺っておく必要があり、

神田元誓願寺前拝領屋敷之内松平肥前守家来伊東玄朴儀借地仕度段申聞候に付肥前守家来え問合候処相違無之趣に付由緒御座候、間借遣し可申と奉存候右之場所に於て諸人救助之為蘭方医師共出張種痘施行致し候儀に付内意奉伺候。

安政四巳年八月川路左衛門尉

と、幕府の許可を願い出た。

川路聖謨は江戸末期の幕臣で、代官所の属吏内藤吉兵衛の子。直参川路家の養子となり、幕府に出仕して頭角をあらわし、勘定吟味役、佐渡、奈良、大阪の町奉行を歴任し、嘉永五年、勘定奉行兼海防掛となった。嘉永六年、長崎来航のロシア使節との交渉にあたり、安政元年、日露和親条約

調印にたずさわり、続いて堀田正睦に随行して上京、日米修好通商条約勅許のため奔走した。だが、一橋派と見られ、井伊大老就任とともに左遷され、文久三年、外国奉行となったが江戸開城の翌日ピストル自殺し、幕府に殉じた人物である。

江戸にようやく種痘所

時の老中首席は、西洋堀田のあだ名のあった進歩的な佐倉藩主堀田備中守正睦であったことは、玄朴と種痘所にとって幸運なことであった。この堀田は、藩医西淳甫、鏑木仙安を江戸の坪井信道の門に入れて、蘭方医術を修行させ、帰国後医学所を設けて蘭学教授とした。

天保十四年には佐藤泰然を佐倉に招き順天堂塾を開かせた。さらに牛痘接種が伝来すると、直ちにその説明書を藩内に配布したほどの人物であった。だから彼自身は玄朴たちの種痘所建設計画には賛成であった。しかし幕府の責任者として、蘭方禁止令がある以上、おひざもとの江戸で勝手に処理するわけにもいかず、ためらっているうちに数ヵ月が過ぎた。

その間に蘭方禁止の熱心な主張者多紀安叔は安政四年二月十四日、六十二歳で死去し、安良も同年十月二十七日、五十三歳で死去し、漢方医側の有力者はともに消えたので、翌安政五年一月十五日種痘所はようやく許可された。

堀田は種痘所を許可するとまもなく、同月二十五日条約勅許奏請のため京に上り、各方面に奔走画策したが、三月二十日聴許されぬことになってむなしく江戸に帰った。続いて四月二十三日井伊直弼が大老となり、安政条約その他、外交処置不行き届きの責をもって罷免、のち蟄居を命ぜられた。

このように、堀田が京都へ出発前に、種痘所建設が許可されたことは幸運だったといえよう。いよいよ正式に許可されたので、伊東玄朴、箕作阮甫、竹内玄洞、林洞海、大槻俊斎、三宅良斎、坪井信良、同信道、河本幸民、戸塚静海、桑田立斎、松本良甫、桂川甫周、島村鼎甫、池田多仲など八十二人の江戸蘭医たちが、各応分の醵出をして、五百八十余両が集まったので早速改造にとりかかり、安政五年五月七日、「種痘所」と名付けて開所した。世人はこれを「お玉ヶ池種痘所」と呼んだ。実はこれが「東大医学部」の前身である。

玄朴の門人池田多仲を留居役として居住させ、種痘、診察、鑑定の三局に分け、当番医を定め、四日目を種痘日とし、同志協力して一般世人を勧誘したので、種痘を請うものも次第に増加し、蘭方医への信用も次第に加わってきた。

異例の玄朴登用

この安政五年という年はまことに騒然たる年であった。前に述べた通り、正月には堀田老中が条約の勅許を請うため上京したが、願意はいれられずむなしく帰り、三月には米使ハリスが再来日し、四月井伊直弼が大老となり、六月勅許を受けないままに日米条約を調印したので、各地の志士らが憤り、さらに将軍嗣子問題が紛糾し、国内ではコレラが流行して江戸だけでも死者三万と言われた。

ために人心極度の不安、動揺の世相のなかで、将軍家定が過労のため倒れ、重体となった。漢方医家たちの懸命の治療にもかかわらず好転しないため、今評判の高い蘭方医師に治療させてみたら、との意見が幕閣内に起こった。

七月三日井伊大老は、生母本寿院及び御台所に、将軍の病がいよいよ篤く、いまの漢方医たちがいかに手をつくしてもその効がない、この上は蘭方医伊東玄朴に治療させてはどうかとすすめ、その許しを得た。しかし蘭方医術は嘉永二年三月七日の蘭方禁止令が厳存しているので、まずこの禁止令を解除しなければならない。ために七月三日久世大和守名をもって「奥医師中も和蘭医術兼学致候て不苦候事」と布達した。

こうしてただちに玄朴の登城を命じた。

このような玄朴の奥医師登用の手続きは、まことに異例なものであった。普通本人登用のことが江戸藩侯の屋敷に知らされ、留居役が本人同道城内に出かけるのであるが、玄朴の場合は、その書類が江戸の鍋島藩邸に届きはしたが、それはまったく形式的のもので、玄朴はこの手続きとは無関係に、往診途中から直接城内に連れられて、任命されたのである。

蘭方医の地位確立

大奥では早速老中間部下総守が病状を説明し、ただちに診察を命じた。それから大老は親しく玄朴にその結果をたずねた。玄朴は、

「なお四十八時は持続すべし」

と答えた。大老は、

「多紀は十二時間以上はもてぬと言っているが、なお多くの時間待てば全治しうるや」と重ねて問うた。玄朴は、

「大病はなお大火のようなものでござる。災火烈しい時は水の力で防ぐことはむずかしい。幸い悪風やみ、火力衰えるのも天命にして、人力ではない」と答えた。

それから玄朴が多紀に代わって直接調薬することになった。しかしなにぶん重体であるから、玄朴一人では余りに責任が重い。そこで種痘所の同志戸塚静海にも協力を頼むことになった。同日玄朴、静海両人は奥医師に任ぜられ、二十人扶持外に役科二百俵を給せられ、詰切看護を命ぜられて、そのまま城中に泊まって診療することになった。

玄朴、静海は漢方医の春岱、澄庵と協力して、極力手を尽したが、病状は衰えず、危篤状態となったので、玄朴、静海はなお蘭方医数名の増員を願い、種痘所関係の同志竹内玄洞、坪井信良、林洞海、伊東貫斎の四人が同月七日奥医師に任ぜられた。蘭方医学の面目にかけて一同全力を傾けて治療にあたったが、その効なく同日将軍は薨去(こうきょ)した。

将軍の治療に万全を期したためであろうが、わずか五日間に蘭方医六人が奥医師に登用されたので、にわかに蘭方医家の地位も確立し、世間の信用も高まった。

藤川游博士は「玄朴伝」に「当時の制度では官医は概ね世襲の職にして民間より擢(ぬきん)でらるるも

の尠し。いわんや官民の排斥をうけたる蘭方医を修むるものにして、この異例の抜てきを得たるは実に玄朴先生の学術優秀にして幕府をして因襲の制を破るの已むなきに至らしめたるに外ならざるなり」と述べている。奥医師とは非常に権威のあるもので、道中通行のときは長棒の駕籠に乗り、陸尺四人に駕籠わきの侍二人、薬箱持ち一人、傘持ち、はさみ箱持ち、袋杖持ち、草履取りらおよそ十一人の供方で旗本など行き会うと道を譲る習慣であった。

五月七日種痘所開所後わずか二ヵ月で、蘭方禁止令の圧力の下で日陰者の様な地位にあった蘭方医の社会的地位が飛躍的に向上したわけである。

コレラ流行でも活躍

さらに蘭方医術の信用を増したのは、コレラの流行にあたっての彼らの活躍である。

安政五年初夏のころ長崎に発生したコレラ（第二次大流行）は、たちまちにして全国にまん延し、文政五年の第一次流行に比べて、その区域が広く病勢も猛烈で、その惨状言語に絶するものがあった。死者が江戸だけで二万八千四百二十一人であったという。

これに対し漢方医家は従来の姑息治療に終始し、ほとんどほどこす術も知らなかったが、蘭方医家は禁令もとかれたので、公然と敏速に適切な予防治療法を指示し、養生法を説いたので、蘭方医の信用はますます高まり、種痘所もいよいよ隆盛となり、長い間の暗黒不遇時代から、にわかに光明得意期を迎えたようであった。

しかし、安政五年十一月十五日暁、神田相生町から発火し、種痘所も類焼の厄にあい、烏有に帰した。そこで一時は玄朴と俊斎の自宅で種痘を続けた。次いで三宅良斎の親友で、銚子の豪商として有名な浜口梧陵から三百両の特別基金があったので、下谷泉橋通りに、四百十坪を借り受け再建築、万延元年落成、再発足した。そして同年七月十日、玄朴らの願いによって、幕府はこれを公認した。

着実な発展

安政五年（一八五八）五月七日、はじめて種痘所が開設された時には、幕府から単に許可があっただけだが、今は以前と全く情勢が変わっていて、幕府も今度は積極的に援助することになった。万延元年（一八六〇）七月十日、対馬守から町奉行に対し、次のような布達が発せられ、種痘所において種痘を受けるよう勧告した。

曰く

「略種痘所に於て同業の者共集会　致し牛痘の種痘致候旨世上望之　者共勝手次第罷越療治請候様
可　致候
右之趣町中之可触知もの也
右之通町奉行之相達候間向々之可被相触候」

種痘所では早速玄朴名をもって、この布達をはり出して、公許のものであることを一般に示した。

こうして種痘所は復興し、着実に発展していった。次第に蘭方医術を教授し、研究する医育機関としての性格をおびてくるにつれ、単に種痘器具だけでは足りぬことになり、さらに図書や解剖機械器具なども備えねばならなくなった。しかし、玄朴らも復興資金調達が出来たばかりで、それ以上の余裕はなかった。そこで三宅良斎から再びその事情を訴えたところ、浜口梧陵は快諾し、研究資金としてさらに四百両を寄付してくれた。

このような再度にわたる浜口梧陵の義挙によって、種痘所再建がなり、万延元年十月十四日、幕府直轄となり、大槻俊斎が頭取に任ぜられた。翌文久元年（一八六一）には、玄朴の門人池田多仲が世話役に、伊東玄朴、戸塚静海、伊東貫斉、竹内玄洞、林洞海、桂川甫周、松本良甫、吉田収庵らの職員が教授に任命された。そして同年三月には「昨万延元年冬、官の種痘所となれるにより、御府内外近在近郷の小児一人たりとも痘斑畸形夭折のうれひなからしめて、御仁恵の厚き御主意に協（かな）はんことをねがふのみ」という「種痘諭文」を印刷して、広く市民に種痘を勧誘した。

種痘所から西洋医学所

続いて種痘所は、種痘のほかに解剖、教育の三科をおき、従来の医学館が漢方医術の教習所であるのに対して、種痘所は正式に洋方医学の教育所となった。

そして名称も文久元年十月二十五日、種痘所から「西洋医学所」と称するようになった。

さらにこのころ幕府では、積極的に蘭方医家の子弟を長崎へ遊学させることになって、種痘所にその人選を命じた。種痘所では、玄朴の養子玄伯（二十八歳）と、林洞海の子研海（二十三歳）を推薦したので、幕府では文久元年十月八日、正式にこの両人の長崎遊学を命じ、ポンペについて蘭方医術を学ばせることになった。この両人は翌文久二年（一八六二）九月十四日、ポンペが帰国する際に、榎本武揚、赤松則良、木下萬年と共に第一回官費留学生として、ポンペについてオランダに留学した。実はこれが玄朴が安政五年一月、「お玉ヶ池種痘所」を設けてからわずか四年後のことであり、時の流れの激しさには驚くほかない。

玄朴最高位に

文久二年、種痘所に大きな変動があった。頭取大槻俊斎が病にたおれて事務を見ることが出来なくなったので、三月三日、玄朴がその取締りとなり、林洞海をその手伝とし、俊斎長男玄俊に頭取見習いを命じた。

このころには、玄朴は蘭科奥医師ばかりでなく、奥医師全体の最高位につき、一方西洋医学所でも最重要な地位にあった。漢方医に代わって蘭方医の時代となり、玄朴は名実ともにその最高峰に立ったわけである。

文久二年四月九日、大槻俊斎が没した。五十六歳。

玄朴は幕府の意をうけ、その後任に大阪の緒方洪庵を推し、しきりに交渉した。洪庵は天保九年（一八三八）一月、大阪に適塾を開いてから二十五年になり、多数の俊才をその門から出し、内科医としてもその名声は天下に高く、殊に京阪貴紳間の信望は極めて厚かった。

洪庵は自分で育てた適塾を去るにしのびない気持ちが強く、「老後多病」という理由で辞退したが、玄朴らの強い懇望によってついに承諾して、八月五日大阪を出発、十九日江戸に到着し、時を移さず奥医師に任ぜられ、ついで西洋医学所頭取になった。その時、玄朴は洪庵に対し何から何まで世話をして、城内での礼式には、陰に陽に気をつけてくれた。そしてしばらく洪庵を自分の屋敷に同居させた。洪庵は奥医師に任命された翌日から大奥の診療に多忙であった。すなわち二十二日から三日間「見習当番」として御台さま（和宮）その他の大奥の診察を担当した。やがて文久二年（一八六二）九月十五日、長崎帰りの松本良順が医学所頭取助を命ぜられた。

長崎・小島養生所

良順は江戸蘭方医佐藤泰然の二男で、奥医師松本良甫の養子となり、安政四年（一八五七）、二十六歳の時長崎に遊学、海軍伝習所医官として来朝したポンペについて蘭方医学を学んだ。しかし海軍伝習所は安政六年（一八五九）三月閉鎖されたが、その後ポンペと良順の運動が奏功して、長崎の西小島町にわが国最初の本格的洋式病院を新築することになり、文久元年（一八六一）九月二十日、落成した。これが有名な「小島養生所」で、良順が初代頭取となってポンペの講義を助けた。文久二年（一八六二）九月十四日、ポンペが任期満ちて帰国したから、良順も江戸に帰り、医学所頭取助として病弱の洪庵を助けることになった。

良順・医学所頭取

あけて文久三年（一八六三）二月二十五日、西洋医学所は、単に医学所とよぶことになった。同年六月十日、医学所頭取緒方洪庵は、突然多量にかっ血して死去した。五十四歳だった。

そのため七月に良順が医学所頭取に昇進した。良順はポンペの講義にしたがって、物理、化学、解剖、生理、病理、内科、外科を「医学七科」として、初めて教則の定まった教授法をとった。

そのころから国内情勢はいよいよ逼迫（ひっぱく）の度を加え、一触即発の形勢となった。松本頭取はこのありさまを見て、これからは軍医が必要となるだろう、と軍陣医学の講習を始めた。その講義録を「創傷新説」と題して出版したところ、時節がら非常な売れ行きであった。

大政奉還

このような情勢のなかで時局は急転した。

慶応三年（一八六七）十月十四日、慶喜は大政を奉還し、十二月九日、王政復古の大令が下って、幕府時代の文武一切の施設は全部打ち切り廃止となり、医学所も解散した。あけて慶応四年（一八六八）一月鳥羽伏見の戦が勃発して、多数の戦傷病者が出たので、良順は数人の学生をつれて、今戸の寺院で傷病者を収容して治療していたが、幕府に対する忠節の念やみがたく、四月十二日、学生渡辺洪基、太田雄寧をつれて会津方面の幕軍に投じた。良順三十八歳。

東京大学医学部へ

同月林洞海をその後任として医学所頭取に任じ、六月九日新政府よりの使者阿州藩尾形力之進、薩州藩前田信輔が来て引き渡しを受け、当分の間池田多仲と月岡勝次郎の両人に預け置くことになり、林洞海、伊東貫斎ら旧職員全部を解任し、お玉ヶ池種痘所はここに終末をつげた。

新政府は六月二十六日、医学所を復活し、七月八日、前田信輔を医学所の復興および経営に当らせ、九月前田信輔と月岡勝次郎は和泉橋通元藤堂邸に移り、十月「東京府大病院」の門標を立て、奥羽方面の傷病者を収容して治療した。

前田信輔は十月二十四日、医学所知事を免ぜられ、オランダ帰りの緒方玄蕃少允惟準が後任となり、横山主税大允と共に医学所および大病院を主裁することになった。その後も名称が目まぐるしく変わりながら東京大学医学部にまで発展したのである。

お玉ヶ池種痘所の盛衰は、玄朴の生涯とともにある。五十八歳の玄朴が同志と共に種痘所の誕生を喜び、精魂を傾けて育成した種痘所も、時局の波とともに新政府に接収され、東京大学医学部としてよみがえったわけである。

望郷の念

苦難と光栄の生涯

玄朴七十年の生涯は、苦難と努力の茨の道であった。多忙のため帰郷するひまもなかった身にとって、去来する望郷の念は晩年になるほどつのった。慶応三年（一八六七）九月二十三日付の、父執行重助の五十回忌法要を依頼して、生家を継いだいとこの常助にあてた長文の手紙には、綿々たる望郷の念と切々たる孝子の情が紙面ににじみ出て、読む人の胸を打つものがある。

曰く、

「貴様宅ももはや五十年近く相成り嘸々破れ家に相成り候事と存ぜられ候拙老二十二歳の年に建て候家に御座候拙者植え置き候蜜柑の木は只今にこれ有り候や幾本これ有り候や御所柿の木は今にこれ有り候やくわしく御申越し下さるべく候仁比山にも拙者と同年位の人は誰々これ有り候や志波屋村徳島栄助は存命に候や傍示林蔵跡目はいかが相成り候や仁比山傍示の形勢くわしく御申越下さるべく候……

島内倹作公は達者に候や御逢の節はよろしく御申し伝え下さるべく候」

玄朴はすぐれた学者であったばかりではなく、またすぐれた教育者であり、事業家でもあった。象先堂開設、種痘所設立のどれを見ても、玄朴が計画性と実践力に富んでいたことを物語っている。

また安政五年（一八五八）七月七日、将軍家定の死去にあたって、三日に玄朴と静海が奥医師に起用され、七日にはさらに種痘所関係の四人が奥医師に任ぜられている。これは玄朴の敏捷さと政治性をよく示すものと考えられる。これについて緒方富雄博士は次のように述べている。

「玄朴を歴史の流れのなかにおさめてながめると、蘭方医学が漢方医の圧迫にあえいでいた時、よくこれにたち向かって持ち前の敏捷さと強気で、相手をくじき、蘭方医学の社会的地位を飛躍的に増大した力は大きかった。それに伴って、玄朴は少なからぬ敵を作った。玄朴の学者としての貢献は、そのまれな政治力におおわれて目立たないが、玄朴の政治力には学識に裏付けられた強さがあったことは見のがせない」

玄朴の先見の明

また元陸軍軍医総監石黒忠悳が「伊東玄朴伝」に寄せた序のなかに、玄朴の人とその功績をよく述べているので、要点だけ口語体になおして引用し、むすびとしたい。

「私が特に玄朴が偉いとするのは、医学でもなく、また蘭学でもなく、医学進歩のためつくされたその事業にあるのである。そもそも当時学を好む者は専ら漢学を主とし、西洋日新の学を知らない。ただこれを知らないばかりでなく、これをねたみ、はなはだしきに至っては、それを学ぶ者を陥れた。高野長英、渡辺華山という人たちは皆この学のために殉じたのである。一時は、蘭方医学は幕命をもって禁止されたのである。

この時にあたり、先生はまずこの難関を破り、官医となり、また同学数人をすすめて侍医にし、同志を糾合して種痘所を設け、広く種痘を施して、日新医学の功を知らせ、これを拡張して官立医学所とし、緒方洪庵をすすめて学長とし、また政府に建議してポンペをオランダから招き、学校、病院を長崎に創設し、時の俊才松本良順をすすめて、その医学伝習の任に当たらせた。また伊東玄伯、林研海をオランダに留学させるなど、多くは先生の経営するところである。

医学所は今の東京大学医学部の前身で、伊東、林はわが国の留学生の最初である。先生の先見の明、手腕の敏は、実に他人のおよぶ所ではない。また先生がこの事業をするに当たり、辛酸苦慮、容易でなかったことは容易に推察できるのである。」

これは伊東玄朴の人と先見の仕事をよく表した一文である。

桔梗や　おのれ惜しめと　いふことぞ

森澄雄

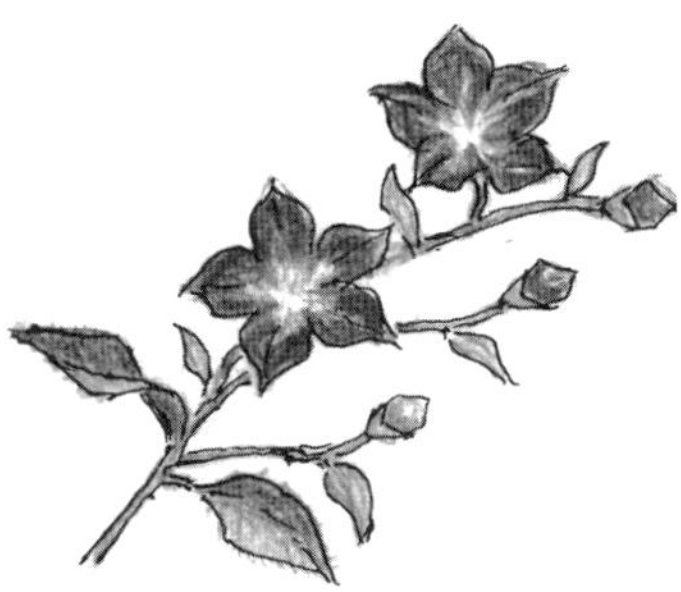

精煉方と蘭学

反射炉の由来

新進藩主の登場

天保元年（一八三〇）二月七日鍋島直正は家督を継ぎ、十代佐賀藩主となった。お国入りの行列は江戸を出て三十七日目の三月二十八日、佐賀についた。

国もとでは、新進十七歳の青年藩主は、一般士民からも非常な期待と喜びとで迎えられた。

直正は、破綻にひんしていた藩財政建てなおしのため、父茂順に代わった新執政鍋島茂義（武雄邑主）を召し出し、質素倹約の諭告を発した。

それは「節用愛人」つまり費用を節約し、領民を愛するということである。自分はどんな粗衣粗食にも甘んずる。江戸参勤にも、平気で綿服で行くといった徹底ぶりで、勇敢に再建にのりだした。

また、藩政改革の基は人づくりだとして、特に教育を重視し、五月三日には藩校弘道館に臨み、教育状況を視察した。

続いて六月二十七日には長崎に赴き、唐船や蘭船を見、帰途、停泊中の蘭船を検分して内部構造を視察した。

フェートン号事件の雪辱

直正は幼少のころから、御側頭古賀穀堂と乳母磯浜から「フェートン号をお忘れなく」と耳がいたくなるほど教えこまれていた。

文化五年（一八〇八）八月十五日早朝、英国軍艦フェートン号が佐賀藩警備中の長崎港に不法侵入、数々の暴行を加えた事件である。その責を負うて奉行松平（まつだいら）図書頭康英は十七日夜、割腹自決し、家来六人も追い腹を切って死んだ。

佐賀藩では事件一ヵ月後の九月二十七日、番所の責任者千葉三郎右衛門と蒲原次右衛門を切腹させた。十一月末、佐賀藩主は逼塞（ひっそく）を命ぜられた。

この時長崎では、奉行の進退の潔さをたたえる一方

「佐賀は卑怯者ばかりだ」

「葉隠はあてにならぬ」

と嘲（あざ）けられた。

このように長崎で、さらに遠く江戸でも佐賀藩士は「懦弱（だじゃく）者臆病者ばかり」と嘲笑され、ために佐賀の恥辱、葉隠の不面目と、城下皆門を閉じ、火が消えたように沈滞した。

これは直正襲封二十二年前の事件である。

しかし佐賀人士にはこの事件は、いつまでも屈辱的な思い出として語り継がれていた。

西洋火術と銃陣

直正は入国直後長崎を巡視し、和蘭軍艦の洋式火砲、小銃をつぶさに見た。

「もはや種子島銃の時代ではない」と悟り、そのあとひそかに鍋島十左衛門に命じ、その家来平山小平を浪人させて長崎に住まわせ、西洋火術と銃陣を学ばせた。

翌天保二年二月十五日、伊東玄朴（三十二歳）を士籍に列し、一代侍七人扶持を給した。大抜てきである。これから西洋砲術書の翻訳を玄朴に依頼することになった。

直正入国後、第一の使命は、すでに老朽化している長崎砲台を修築し、防衛の完ぺきを期するということであった。

ことに長崎港外の伊王島、神ノ島、四郎島などは佐賀領だから、神ノ島と四郎島との海峡二七〇メートルばかりを埋めたて、そこに完全な台場を築く計画をたて、嘉永四年六月工事に着手、苦心惨憺十カ月、同五年三月末、見事に完成した。いくら石を投げこんでも、流されてしまうので、土地の人は「どんどん転びの堰所(せきしょ)の石よ、どこでとまるか先や知れぬ」との歌まではやったとのことである。

経費は十二万両もかかるので、幕府に十万両借金を願ったが許されず、風水害の復旧の名目で嘉永四年十二月、やっと五万両貸してもらった。

砲台ばかりではなく、大砲、それも今までのわが国にはなかった鉄製大砲を造るべく、重々の苦労の末、嘉永三年十月二日、佐賀城下築地に反射炉の成功をみた。今の佐賀市日新小学校の所である。

蘭学の導入

蘭学寮の設置

直正の熱願である佐賀藩軍備近代化のためには、西洋科学の知識が必要であり、その基礎として蘭学者を養成せねばならぬ。その必要から嘉永四年（一八五一）蘭学寮が設置された。当時、佐賀の蘭学者といえばほとんどが医者ばかりであった。直正公伝には「蘭学教導大庭雪斎、大石良英らは医者のこととて薬剤には精通せるも化学工業までには及ばず、新たに養成せられたる秀島藤之助、小部松五郎等まだ学力浅く、杉谷雍助の冶金、山村良哲の物理、数学等は稍々間にあった。玄朴は臨時に指定ありし書の局部を翻訳すると共に、或いは自己の研究を紹介して臨時の用に供していた」とある。

直正はさらに玄朴の語学力を活用しようとして、嘉永三年（一八五〇）弘道館の俊才佐野栄寿（二十九歳）に江戸遊学を命じ、玄朴の象先堂塾に入らしめた。

佐野ヅーフ辞書を入質

佐野は象先堂塾でもたちまち頭角をあらわし、翌年には熟頭にあげられた。嘉永六年(一八五三)六月アメリカ使節ペリーが軍艦四隻をひきいて浦賀に、続いて七月ロシア使節プチャーチンが長崎に来航した。この騒ぎによって、各地で書生の集会が盛んとなり、佐野はこれに狂奔して遊蕩費がかさんだ。支払いに困った彼は、塾頭預かりのヅーフという蘭和対訳辞書二十一冊の大部をひそかに持ち出し、入質して三十両の金を得て支払った。しかし三十両は大金である。なかなか返せそうにない。ヅーフ辞書は蘭学生になくてはならぬ貴重な本である。しかも当時写本で伝えられていたから、よほど資力のある人でなくては入手出来るものではなかった。

やがて玄朴に知れるところとなり、カンカンに怒った玄朴は佐野を破門した。佐野は進退きわまってついに決心して師にせまった。

「先生申しわけありませぬ。破門されて帰国するとは、私の前途もこれ限りです。こうなっては先生と私と刺し違えて、共に死ぬよりほかありません」

これには玄朴も困ってしまい、

「まあ待て、しかたがない。破門は取り消す」

ということになり、その座は無事済んだ。そして玄朴は藩重役と相談して、藩邸より佐野をさとして帰国させることになった。

佐野は苦慮した。このまま帰国しては、この汚名を拭うことは出来ない。藩への土産が必要だ。

佐賀に必要な珍しい土産がほしい。佐野は藩主直正が軍備近代化にとりかかり、科学技術者を欲しがっていることに目をつけ、京都の広瀬元恭の塾を訪ねた。

広瀬元恭は幕末の蘭学者で、わが国の理学の道を開いた数少ない先覚者の一人である。先祖は武田家につかえ、祖父恭平の代から医を業とした。十五歳のとき江戸の蘭学者坪井信道の門に入り、後京都で洋学塾「時習堂」を開いた。

また、元恭は蘭医として基礎医学を重視した先覚者である。「理学提要」「人身窮理書」をはじめ、「知生論」「西医脉鑑」「三十雑弁」「新訂牛痘新法」など著書が多い。

特色ある「時習堂塾」の名は江戸の象先堂にも響き、佐野は江戸から帰途広瀬塾の門人で奇才の人として聞こえた中村奇輔、石黒寛次、田中近江、儀右衛門を引きぬいて共に帰国した。

こうして佐野が佐賀に連れ帰った四技師は、後年精煉方の重要メンバーとして存分に才腕をふるい、日本最初の汽車、汽船、電信機械の模型を完成することになった。

これより少し前、嘉永二年という年は、佐賀藩にとって大きな転機の年であった。すなわち二月十一日には、火術方を石火矢方より分離して御側管轄として、本格的に西洋火術研究にとりかかった。六月三十日鉄製鋳砲局を城下築地に建設した。八月二十二日楢林宗建が直正の世子淳一郎君に牛種痘を成功させた。十月二日築地に大砲鋳造場を設置した。

お鋳立方七賢人

この年設置された「大銃製造方」の係員として、西洋砲術にすぐれた本島藤太夫、漢蘭両学に精通した田中虎六郎、蘭学には杉谷雍助、算術には佐賀随一と造詣の深い馬場栄作、鋳工棟梁には鋳造技術に熟練した谷口弥左衛門、鉄の溶化鍛錬には刀鍛冶橋本新左衛門、会計には田代孫三郎が任ぜられた。みな奇才、偉能の一粒選りの才人ばかりであった。しかしこれまでだれも経験のないことをやるのだから、並大抵の骨折りではなかった。

頼りは原書だけ

まず杉谷が原書を翻訳する。田中がこれに工夫、研究を加える。反射炉内の屈曲した面積を測るには馬場の算術がある。鋳型には谷口があたる。鉄の溶解や化学薬品の調合などには橋本の経験に頼む。本島はかつて韮山、江戸で伝習したところを活用し、最期の経理事務は田代がつかさどった。

このように、各方面の人物を一局部に集め、各々その長所、才能を存分に発揮させるのは、すこぶる奇観で、世人はこれをお鋳立方の七賢人とよび、その奇才をたたえた。

鉄製砲の鋳造には、高熱を生ずる反射炉の設備が必要である。反射炉というのは、熱の反射を利用して、中部に高焔熱風を集めて、鉄を溶かすようになっている。その設計は当時としては超高度の技術を要した。その指針はもちろん蘭書であった。杉谷雍助が江戸遊学中入手した原書「ヒュギューニン著ゲシュチコトギーテレー」を翻訳し鋳砲のことを研究したのに始まる。蘭書の訳読を唯一の手がかりとして、十数度の失敗にも屈せず、研究と工夫をかさね、ついに実用可能の巨砲を完成したのには、ただただ驚嘆するばかりである。

これよりさき、反射炉の中心人物杉谷の手記によれば、「反射炉は嘉永三年（一八五〇）七月より順次据え付け始めている。そして反射炉で溶解する鉄は遠く石見、燃料の堅炭は日向、肥後、土は肥前白石山、志田山、文珠山に取った。白石山の土は淡灰色粘土で、志田山から出るものは砂に類して淡灰色浅黄を帯び、文珠山はただひとつ淡黄色粘土であった。型砂は初め天草産の粘土を用い、後に志田山から出る「メズナ」を用いた」

交通不便な時代に、遠くからばく大な資材を、ほとんど人力だけで運んだ先人の苦労がしのばれる。

血のにじむ苦心

いよいよ鉄の溶化試験に着手すると、まず杉谷が原書をひもといてその通りにやるが、理論以上の秘訣があるのか、神秘的な技術を要するのか。実際にやってみると、思わぬところに思わぬ故障が起こるものである。さらに煉瓦の泥質の軟らかいところから崩壊して、堅い泥を選ぶ必要がでたり、セメントの着け目にも硬質を選ぶ必要が起こったり、文字通り血のにじむ苦心をかさねた。杉谷の手記によると、「反射炉溶鉄は第一回は嘉永三年（一八五〇）十二月に始まり、漸次十六回を重ねて嘉永五年（一八五二）五月に至った。毎炉鉄三千斤を要した」とある。だが、試験は失敗する。材料はムダになる。費用はかさむ。世人は反射炉は金を捨てるところだとうわさする。さすがの七賢人も失望落胆、こうなっては仕方がない。一同引責切腹を覚悟した。

これを聞いた直正は「これまでやってきて、成功せぬから面目ないと切腹するとは何事だ。まったく犬死にも等しいではないか。この上いくら金を入れたとて決して惜しむものではない。西洋人のやったことを佐賀人が出来ぬことはない。この上一層の努力をして、工夫と研究をかさね必ず成就してくれ」と激励した。一同はこれほどまでにありがたいお言葉をくださるからには死ぬのは早い。死ぬ覚悟でやってみようと改めて奮起した。

明けて嘉永四年（一八五一）正月、杉谷が他の蘭書を求めて翻訳し、試練数ヵ月を経てついに反射炉そのものは合理的に機能するようになった。

巨砲成る

ロシア艦驚かす砲台

こうして反射炉が出来たからには今度は鋳鉄だ。鉄質が不純で、大砲やその部品の材料には不適だったので、ここでも浄鉄の工夫が重ねられた。苦心のうち春も過ぎ、夏も過ぎ、初秋のころにやっと適度の浄化法がわかった。一同は驚喜して次の大砲製法に着手した。これにも何回かの失敗を重ねたがついに、念願の鉄製大砲製造に成功した。砲身が火薬爆発の弾力にたえ得るようになった。神ドンと最後の試験の一発を打ち出した時には、七賢人はたがいに肩をたたき合って喜びあった。神の島に二十八門、伊王島に二十六門を据え付けたのは、翌嘉永五年（一八五二）秋であった。

この時、作業場に集まって砲身の運搬、ロクロの転旋、滑車の綱の操縦などに当たった日雇い人夫たちは、皆ヨッシンヨイサの掛け声を発して「二百十枚取ろうでちゃあ朝から晩までヨッシンヨイサ」と唄った。「取ろうでちゃあ」とは佐賀の方言で「取るには」の意。二百十枚は二百十文のことである。嘉永三年（一八五〇）の風水害のため米価が騰貴し、米一升が平均百文の値となったから、これから計算して日雇い賃金を米二升以上とみたのであろう。

長崎の島の工事は着手してから三年の歳月を費やして、日本最初の近代的鉄製大砲を備えた砲台が完成した。ペリー来航の一年前であった。

すなわち嘉永六年（一八五三）六月三日米艦四隻が浦賀に、同年七月八日露艦四隻が長崎に入港して、通商を迫った。態度は実に威嚇的だった。

このとき佐賀藩によって新装備完成していた長崎沿岸砲台の威力は、露艦に比べて少しも遜色がなかったという。「佐賀藩銃砲沿革史」に曰く

「嘉永六年七月八日の露国の使節アンムプーチャチン威容堂々長崎に入港し来る。されど彼等は

かつて我辺海防備手薄にして殆ど武装なきに同じと聞及びしに、伊王島を経て四郎島神之島に近づくや新に堅石を以て築きたる砲台の規則正しく巨砲を備えて海門を拒するに一驚を喫したりと、茲に公の先見は全国に称揚せられ其偉績は歴史に光輝を放つに至れり」とある。ちなみに凡そ五十年前、文化元年（一八〇四）のレザノフ航海記には「長崎の防備ならば十六門の大砲と、六十人の兵士があれば、日本海軍を撃滅できる」と記していたのである。

狼狽する幕府

これにひきかえ、江戸湾沿岸の防備は無力に等しかったので、幕府の狼狽ははなはだしく、急遽江川太郎左衛門に大砲鋳造を命じた。

江川は嘉永六年（一八五三）六月配下八田兵助を佐賀藩に派遣して、反射炉構築と大砲鋳造を学ばせた。かつては江川が佐賀藩の本島藤太夫を指導したが、今度は逆に佐賀藩に教えを受けることになった。佐賀藩では特に田代孫三郎に熟練工数人をつけて伊豆に出張させて江川に協力した。

幕府より佐賀藩に大砲の注文

嘉永六年（一八五三）幕府では、江戸品川に七砲台を造ったが、そこに据える大砲がなく困っていた。その時、佐賀藩で優秀な大砲が出来たとの報告を聞いて、早速幕府から大砲五十門の注文がきた。直正は九州の片田舎佐賀藩の真価を世に示すのはこのときとばかり大喜びで、さらに大規模の反射炉二基を多布施川岸築地に設けた。

今度は苦心しながらも、工事は順調に進み、大砲が完成して幕府に送達したのが安政二年（一八五五）暮れであった。翌三年（一八五六）には全て完了、ことごとく品川台場に備えられた。

このとき造った大砲は、わが国最初の三十六ポンド「カノン砲」であった。総長三・二メートル、口径十九センチ、重量約三百六キロで。その鋳造も容易ではなかった。やっと砲身が出来ても、それに孔を穿（うが）つことはさらに困難であった。人力でコツコツとたたいて穿っていたら、労力と時間が大変である。ここで京都から来た田中近江が一計を案出した。多布施川の水を集めて、一大水車を回転させ、その力によって孔を穿つことになった。

現在はどこに置いてあるかは分からないが、第二次世界大戦前までは東京九段護国神社境内に、右の品川砲台の大砲が幾門も飾られてあった。

精煉方の動向

美酒に酔う間もなく

この反射炉と大砲完成の祝い酒に酔うこともなく。嘉永五年十一月十日。更に充実を期して、国産方に精煉方が設けられた。

これは多布施反射炉から上流約二百メートルの神野村高岸の二ヘクタール地域で、直正宿願の軍備近代化の基礎づくりとしての総合科学研究所の役割をはたすものであった。

精煉方の研究事項は、多種多様にわたり、総金属類、塩灰類、ガラス、石灰、陶磁器、木材、製皮、せっけん、紡績、製紙、製糖、製菓、写真等に及んだ。なお銃砲鋳造法、火薬、製鉄、製鋼、弾丸、造船、造機などは最も急を要するものとして精煉方の全力を傾注してのぞんだ。そしてこれらの研究は主として蘭学にたん能な石黒寛次の訳によって進められたのはもちろんである。

こうした時点で、佐賀藩が必要としたのは人材、特に理化学者であった。ここで奇才をもちながら、不遇をかこっていた化学工技者中村奇輔、理化学、蘭学に精通した石黒寛次、街の発明家として評判の高い田中近江、儀右衛門を得た事は精煉方にとっては千金の重みがあった。

彼ら四人は佐賀藩に来てから、あたかも水を得た魚のごとく、年来、蓄積した力量をフルに投入した。しかし精煉方の任務が、最新科学技術の研究である以上、最初から好成績をあげ得ないのはむしろ当然で、初期の実験はほとんど失敗ばかりであった。

たまりかねた重役連は「内外多端にて出費多き折柄、精煉方に多額の藩費を投入するのは、藩財政を再び天保の危機に追いこむ恐れがありまする」と、しばしば精煉方廃止を進言した。

直正はその都度「これはわが道楽なれば、制限するなかれ」と言って存続させた。こんな時、城下の士民たちは「精煉方はお殿さまの蘭癖を慰する娯楽場だから」とささやきあった。

蘭学発展の過程

ここに精煉方設置前後、佐賀藩蘭学発展過程上の重要事項を年代順にまとめて、藩主はじめ幾多先人の苦心のあとをしのびたい。

弘化元年（一八四四）火術方を設け西洋砲術の研究をはじめた。

嘉永二年（一八四九）火術方を石火矢方より分離して、御側管轄とした。

嘉永三年（一八五〇）大砲製造方を置き、築地に反射炉二基の築造に着手す。予算十八万三千両。

嘉永四年（一八五一）蘭学寮が設けられ、大庭雪斎と大石良英がその頭取に任ぜられた。

嘉永五年（一八五二）このような時代的背景のもとに、精煉方が設けられた。

嘉永六年（一八五三）幕府大砲五十門佐賀藩に注文す。佐野栄寿（常民）精煉方主任となる。佐野はこの時、君命により栄寿左衛門と改名。

安政元年（一八五四）蘭学寮を医学寮から火術方に移した。これは佐賀蘭学の重点が医学から軍事科学に移行したことを物語る。

安政二年（一八五五）長崎の海軍伝習に佐賀藩から伝習生を多数派遣、特に精煉方の全員に諸術伝習を命ず。汽車、汽船模型を製作。

安政三年（一八五六）ドンドル管（雷管）を製造。

安政四年（一八五七）精煉方で製作の電信機を島津斉彬に贈る。この年、手銃製造方および海軍取調方を設置。

安政五年（一八五八）三重津に御船手稽古所を設置。この年、医学寮を水ヶ江に移し「好生館」の額を掲げ十月より開業した。

安政六年（一八五九）火薬製造開始。遣米使節団に藩士を随行せしめ、特に小出、石黒、福谷に砲術を視察せしむ。

文久元年（一八六一）精煉方の神野火薬所で新火薬を製造。田中近江、儀右衛門父子、電流丸汽罐を製造。

文久二年（一八六二）幕府依頼の蒸気罐を製作、翌年竣工。

文久三年（一八六三）本邦最初の蒸気船凌風丸を建造。慶応元年竣工。アームストロング式野砲を製造。

諸藩の事情

ここで幕府および諸藩の蘭学導入と開明施策にふれてみたい。

蕃書調所

文化八年（一八一一）幕府天文方に蕃書和解御用掛が設置され、馬場貞由、大槻玄沢らが訳員となった。当時オランダから輸入された「ショメル百科辞書」を翻訳して「厚生新編」と呼んで刊行するのが主な仕事であり、それは文化八年に始まり安政年間まで続き、その時代の著名な蘭学者がかわるがわる登用された。時代が移り、嘉永、安政の時代になると、外国との外交関係が生じたので外交文書の翻訳もその部局に命ぜられ、同時に西洋式兵学や砲術を蘭学によって導入する必要がますます大きくなってきた。

幕府では各方面の要望に応じるための蘭学振興措置として安政四年（一八五七）正月蕃書調所を創設した。教官としては一流の洋学者箕作阮甫、杉田成郷、市川兼恭らが登用された。万延元年（一八六〇）蘭学のほか英、仏、独、露の各国語に広がり、学問の分野も兵学、砲術、航海術、物産学、機械学、化学、物理学、数学などに広がった。文久三年（一八六三）には調所は「開成所」と改称され、幕府の洋学研究、教育の中心であり、全国の洋学の中枢でもあった。

この蕃書調所の一部局として精煉方が開設されたのが万延元年（一八六〇）であるから、佐賀藩より八年遅れている。そして内容も薬物化学、工業化学の部門に限られていた。担当者も窮理学の川本幸民や数学の市川兼恭らの兼任であった。

最初のねらいは佐賀精煉方と同じようなものであったが、実際はある程度の薬品の実験や製造が行われただけで、ついに目立った業績をあげるところまでには至らなかった。この「開成所」はのち明治新政府に引きつがれ、「東京帝大」の一部となった。

筑前福岡藩

蘭癖藩主黒田長溥は軍事改革と同時に殖産興業を企図し、肥薩両藩に先立ち弘化四年（一八四七）精煉方を設け、製薬、染料、陶器、写真、硝子、金鉱、捕鯨などに着手したが、結局みな単なる試験の域を出ることは出来なかった。適切な人材がなかったためであろう。

松代真田藩

藩主真田幸貫は松平定信の次子で、その思想政策は父定信の流れをつぐもので、この時代有数の蘭学愛好家であった。幸貫は政策上の頭脳として佐久間象山を重用し、その研究に対し、原書の購入や学資の給与など多くの援助をしている。天保十二年（一八四一）幸貫は老中に起用され、翌年海防掛となり、諸大名に海岸防御のため大砲鋳造令を下した。領内では象山の建策によって殖産興業による藩政振興と財政立て直しを計った。すなわち象山はショメル百科辞書によって、硝子の製造、鉄山の開発、馬鈴薯（ばれいしょ）の栽培、石膏の製造、養豚などを企てた。

福井松平藩

この藩では開明藩主松平慶永の下に、嘉永元年（一八四八）西洋式大砲製造に着手し、同二年（一八四九）に洋学者市川斎宮を招聘し、また同年笠原良策の建議によって種痘所を開設した。さらに安政二年藩校明道館に橋本左内を用いて学監に据え、ついで洋書習学所が設けられると有名な坪井信良が教授に起用された。

水戸徳川藩

文政十二年（一八二九）徳川斉昭襲封後、その藩政改革において、海防充実と軍制改革がうたわれると、その手段として蘭学が取り上げられている。天保三年（一八三二）江戸の蘭学者青地林宗を招き、医官兼蘭学教授とした。安政二年那珂湊に反射炉を築造した。

鹿児島島津藩

鹿児島の精煉所は名君島津斉彬の積極的な開明策により、嘉永四年（一八五一）設置されているが、この藩でも豊富な蘭書の所説により、硫酸、火薬、酒精の製造や鍍金＝メッキ＝術、写真術の研究が行われ、嘉永五年（一八五二）冬、反射炉が建てられた。さらに硝子陶磁器、農具、砂糖などの工場も建てられた。

この目をみはるような一連の軍制改革と近代工業化の企画と実践には松本弘安、市来広貫などの鹿児島藩内蘭学者はもちろん、戸塚静海、伊東玄朴、坪井信道、箕作阮甫など一流の蘭学者を招いて翻訳を依頼して、化学、機械、砲術、造船などに資している。

佐賀精煉方の特異性

独力で開発

このようにして幕末雄藩の蘭学導入と近代化をながめてみると、その実績において佐賀藩精煉方と比肩できるものは鹿児島の精煉所のみであることが分かる。しかも、佐賀精煉方では化学部門だけにとどまらず、例えば汽車、汽船模型は安政二年、電信機は安政四年、蒸気機罐（かん）は文久元年、蒸気船製造は文久二年に成功している。しかもそれが外国人を顧問として、その指導によったものでなく、蘭書と首っぴきで真に独力で開発している点は実に注目すべきである。精煉方の事業が軌道に乗った嘉永末年には佐賀藩は幕末日本における最大の兵器廠と化していた。

安政元年（一八五四）正月、長崎における対露交渉からの帰路、佐賀を見学した幕府気鋭の勘定奉行川路聖謨、蛮書調所教授箕作阮甫、同古賀謹一郎の一行は、オランダ式銃砲鋳造工場や立ち並ぶ反射炉の壮観に「いやはや大造なる仕かけなり」と驚いている。

これが百年前の佐賀藩の雄姿であったのである。

蘭書の活用

ここに精煉方エンジニアの機能を具体的に計る有力な目安となる蘭書利用状況について述べたい。

幕末佐賀藩の集めた洋書は七百三十二部（冊数は千冊を超す）に達し、幕府蛮書調所に次ぐ蔵書量であった。

この諸藩中随一の数量を誇った蘭書を当時、佐賀藩の蘭学者たちはどのように利用したのであろうか。ここに精煉方と蘭学寮の蘭書拝借人と借用書名を摘記し、先人たちの苦労をしのびたい。

佐野栄寿＝船舶、窮理、砲術、器械、語学、舎密
小出千之助＝舎密、火薬、築城、砲術、語学
杉谷雍助＝器械、技術、舎密、冶金、天文
中村奇輔＝舎密、技術
田中近江、儀右衛門＝窮理、戦術、器械
石黒寛次＝造船、器械、戦術、造兵、舎密、窮理
島内栄之助＝築城、語学
亀川新八＝器械、築城、舎密、砲術
秀島藤之助＝器械、船舶、窮理、地理、馬術
中牟田倉之助＝造兵、算術、航海、戦術

これら蘭書の借用書の内容を検討することは、彼らの専門課目を知るうえに興味深いことである。たとえば佐野常民が船舶学を専攻し、のちに海軍中将に昇進した中牟田は航海学や数学に長じ、小出は化学試験を担当して化学方程式に取り組み、中村、田中、石黒らが精煉方の中枢として舎密、

窮理、機械を得意としたことが知られる。

日本の近代化に大きな役割をはたした佐賀藩の蘭学の一方の中枢として、輝く業績を残した精煉方の動向については、そのディテールを掘りさげてみても、意外に資料に乏しく、不明の点が多い。今後なお検討を進め、少しずつでも解明してゆきたいテーマである。

ここで日本近代化の功労者ともいうべき精煉方の技師たちの伝記について述べねばならないが、資料を探り、口碑を調べたりしたが詳しくは不明なところが多い。その中で、明らかになったものだけを紹介する。

精煉方の技師たち

中村奇輔

京都の人で薬学に造詣が深く、京都の西洋物理学者広瀬元恭の門に学んでいたのを、佐野に招かれて佐賀に来たひとりである。理化学の研究、実験にあたっていたが、不幸にして爆薬実験中に事故にあっている。墓は佐賀市道祖元町専修寺にある。長男喜一郎、二男林太郎は、父の志をついで明治になってから、東芝電機の前身である芝浦工場で活躍している。喜一郎の子は光吉氏で東京・戸塚町に住んでいた。

石黒寛次

石黒寛次（直寛）は田辺藩士石黒安兵衛の三男として丹後舞鶴に生まれ、若いころから京都で蘭学を学び、その学力は高野長英、伊東玄朴と並ぶといわれながら、不幸にして世にいれられず、京都の広瀬塾で理化学を勉強中、佐野栄寿の紹介で佐賀藩に来て、精煉方でその学力を十分発揮している。また前にも述べた通り精煉方の書庫から石黒は造船、機械、造兵、舎密、窮理などの蘭書をしばしば借用していることから見ても、彼は幅広い知識・学力を誇る蘭学者として精煉方発展の原動力となったことがうかがえる。石黒の旧宅は、精煉方の後継者青木熊吉氏孫正彦氏宅の南側（佐賀市多布施町高岸）に今に残っている。

田中近江

田中近江は通称儀右衛門といい、久留米の人である。寛政十一年（一七九九）九月、通町十丁目に生まれた。資性聡明で器用なること神のごとしといわれた。九歳ごろから創作の才が輝きだし、「新式硯箱（すずり）」を作り、つぎに久留米がすりの絵模様を案出（十五歳）、雲切人形試作（二十歳）、続いて二十二歳ごろ空気銃を製作し、ますます発明の天性をあらわした。しかし空気銃製作のため資産を使い果たし、生計上の失敗もあり、三十六歳のとき意を決して大阪に出て商業に従事した。

ここで「懐中燭台」を発明し、その後伏見に転居してからは、本来の器用さと根性をもってさらに精進し、「無尽灯」を発明、工場を作り量産に成功し、京阪地方で広く用いられた。さらに京都に移り、生活も安定し、「排水ポンプ」「紡績機械」「万年時計」の製作にとり組んだ。このようにして近江は生涯に数十種の発明を完成させ、関白鷹司家から〝日本一の機械師〟と称賛された。

その後東京に出て東芝電気の前身を創業した。

嘉永五年（一八五二）五十四歳のとき、藩主鍋島直正が精煉方をおこし、理化学研究や汽車、汽船の製造を着手したので、主任佐野栄寿の推薦によって近江は息子儀右衛門を伴って、中村奇輔と前後して佐賀藩に招かれて来たのである。明治六年（一八七三）七十五歳にして東京に移住し、電信機械、生糸試験器を製造していたが、明治八年銀座八丁目に出て、田中製造所という看板を掲げ、店頭に「万般の機械の考案依頼に応ず」と書いた目新しい店を開いた。この日本最初の民間機械工場こそ、のちの東京芝浦電気株式会社である。こうしてみると彼には単にからくりの技術に長じていたばかりでなく、時流にのる才も兼ね備えていたのである。

明治十四年十一月七日死去。激動の時代を、学識と創作に熱中しながら、技術者として生き抜いた八十二年の生涯であった。

田中儀右衛門

父・田中近江とともに招かれて佐賀藩に来た人で、儀右衛門はのちに重儀といい父に劣らず聡明で、創作の才があり、精煉方での近江の業績の大部分は儀右衛門がやったともいわれている。文久の末、時勢に刺激され、久留米藩が軍備近代化に着手するにつれ、父近江が有馬侯に招かれたので、精煉方の方はすべて儀右衛門が専任となり父に代わって優れた働きをした。

元治元年（一八六四）九月佐賀藩が英国から購入した汽船甲子丸検分のため、儀右衛門は息子岩次郎を伴い、佐賀藩士秀島藤之助とともに長崎に滞在した。ある夜、猛烈な大雷雨があった。雷鳴を聞き秀島藤之助は突然発狂した。「夷敵が襲来した」「田中親子が魔法を使い雷雨を起こした」と叫びつつ、剣を抜いて熟睡中の田中父子を殺害した。儀右衛門は気息えんえんの中にも望郷の情切なるものがあったという。聞く者はみな彼の才を惜しみ慟哭した。直正も深くその死をいたみ、近江の親友中村奇輔の二男林太郎を養子とし、士籍に列せられた。儀右衛門の墓は多布施町の天祐寺にある。これだけの功労者を知る人もなく、寂しく雨露にさらされている。

秀島藤之助

秀島藤之助は蘭学寮出身の秀才で、長崎の海軍伝習所に学び、万延元年幕府が遣米使節派遣に際し、咸臨丸機関士として渡米した。二月二十六日サンフランシスコ入港の際、陸上から二十一発の祝砲がとどろいた。この時秀島は勝麟太郎が不安がるのを制しながら、水夫を指揮して型通り見事に答礼をやってのけたのは有名な話である。帰国後は中牟田倉之助、石丸虎六郎らと佐賀藩海軍創設に奔走した。

しかし過度の勉強と精神的過労のため、大雷雨のショックによって狂乱状態に陥ってしまった。佐賀藩近代化の裏にひそむ悲劇であった。

水仙は　女の花よ　束ね挿す

河野緋沙子

蘭学寮の学者たち

大庭雪斎

大庭家は平家の大庭景親の後裔で、その遠孫は代々龍造寺家、鍋島家に仕え、十七代が雪斎である。名は景徳、あるいは悫（つとむ）ともいう。文化二年（一八〇五）佐賀に生まれた。十八歳ごろ佐賀蘭学の始祖島本良順に医学、蘭学の手ほどきを受けた。文政八年（一八二五）二十一歳ごろ長崎に出て、シーボルトに就き、のち三十九歳ごろ大阪に出て、緒方洪庵に就いて蘭学および医学を修めた。佐賀藩に帰ってから、安政元年（一八五四）弘道館の教導となった。時に五十歳。

安政三年（一八五六）「訳和蘭文語」前編二冊、翌四年に後編三冊を出版した。この本は蘭学修得の初歩で、初心者に大変珍重がられたらしい。その自序は訳者の経歴、ひととなりの片鱗をうかがわせるものである。元来漢文だがここに直訳すれば次のとおり。

「格物窮理の日新なる者は、国家の大宝にして夷狄を御するの大本なり。日新の道は、何ぞ先ず格知の書を読むに如かざらん。読書は何ぞ先ず文法を知るより先なるはなからん。文法一たび明らかになれば、則ち衆書の義理、聖賢の胸臆瞭然と観るべきなり。今茲に我が明公閣下（直正公）新たに西学校（蘭学校）をひらき、臣等をして先ず和蘭の日新の道を学ばしむ。もし藩の日新愈々積まるれば、則ち我藩は乃ち皇国の日新の魁にして、亦外夷を威するの嚆矢なり。ふかく惟うに閣下の先見は或は茲にあるならんか。小臣恣（雪斎）等は恐歓惶喜の至りに堪えず。微力不肖と謂うと雖も、豈敢て微忠を竭さざるべけんや。肥国佐賀侍医西学校教導大庭恣序す」

民間格知問答

続いて文久二年（一八六二）には「フォルクスナチュールキンデ六巻」を訳して「民間格知問答」と題して出版、やさしい口語文をもって記述し、西洋の進歩した科学窮理の学を重んじるべきことを唱道して世の注目を集めた。題名の格知とは「格物致知」（物にいたり知を至す）の略語で、真理を究める意味である。内容は物体、分子、引力、重力、熱、天体、水、空気、大気の圧力、酸素、窒素、水素、水蒸気、電気、磁力、日光などをわかりやすく解説したもの。当時の日本の理学知識の水準から見れば、まことに好適の科学入門書である。大隈重信なども蘭学寮で数回愛読したようである。その巻頭題言には、

「今我邦には是等の道理学問、いまだ一般に行はれず、士農工商ともに見も聞も慣ぬ事の様にて、容易には解難かるべければ、余もまた命を蒙れるままに、己が不才を顧みず俗言にて訳しけり……」とある。

これより先、嘉永四年（一八五一）八幡小路に医学寮ならびに蘭学寮が創設され、教導となった。

次いで安政五年（一八五八）十二月医学寮が水ヶ江に移設され、大石良英とともに教導方に任ぜられた。同年十二月二十六日「好生館」と改称されてからも、引き続き教導方頭取として内容の充実を図った。しかし慶応元年（一八六五）六十一歳のとき、好生館では松隈元南が教導方頭取となっている。雪斎老齢引退のためらしい。

シーボルトや緒方洪庵について学んだといっても、同門の多くの弟子たちのような華やかな逸話は何も残っていない。あれだけの学才があり、立派な業績を残しながら、彼の経歴はほとんど隠滅してしまっている。生年も彼の訳書「訳和蘭文語」の凡例に「忝不肖三十九ニシテ初テ原本ヲ習得シ、今日ニ至ルマデ十有二年」とあるのから逆算して文化二年（一八〇五）生まれになっている。しかし誕生の月日は分からない。

天保十四年（一八四三）三十九歳ごろ緒方塾にいた時、師の洪庵がフーフェランドの内科書を「扶氏経験遺訓」と題して訳するにあたり「参校」として、一役買っている。

旧約聖書も

雪斎はまた旧約聖書の訳もやりかけたが、支那から訳書が来たので中止している。当時蘭学といえば世をあげて、医学、兵学、科学などの実用学に止まっていた時、早くも宗教書の翻訳に着手していたことは、彼の学識が広くて深かったことを物語っている。その他「算字算法基原或問」「液体窮理分離則」「教理発蒙」「海上亜児質利」などの訳著がある。明治六年没。六十九歳。佐賀市天徳寺に埋葬された。

大石良英

長崎和蘭通詞の名門本木昌造の二男で、鍋島山城の侍医大石家の養子、昌造は和蘭通詞庄左衛門正栄の養子。父正栄は蘭英仏語に精通し「暗厄利亜語林大成」十五巻、「払朗察辞籍」四巻を編さんしている。共に英語、仏語辞典のはじめである。

弘化元年（一八四四）七月十二日良英は士籍に列され、直正侍医を命ぜられた。佐賀藩で蘭方医で侍医となったのは良英が伊東玄朴に次いで二人目である。

これより先、文政六年（一八二三）シーボルトの来日により西洋医学の研究修得は急速に広がりをみせた。長崎の鳴滝塾でシーボルトに学んだ二十五歳の青年医師が伊東玄朴であった。

佐賀藩種痘の成功

玄朴は江戸に出て蘭医として名声を博し、天保十四年（一八四三）鍋島直正の侍医となったが、「牛痘種法篇」を翻訳し藩主に牛痘接種の実施を献言した。直正はこれを採用し、嘉永二年（一八四九）長崎在住の藩医楢林宗建に命じてオランダ商館長に痘苗輸入方を依頼した。それが同年七月長崎に着いて、七月二十三日宗建は三男健三郎の右腕に接種し、善感したので一同大喜びであった。引き続き長崎で幾数かの子どもに接種し善感した。直正はその報告を聞いて非常に喜び、侍医大石良英を派遣して実地に検した。そこで宗建の長子永叔（十一歳）に接種し、好感したので、これをつれて佐賀藩に急行、八月六日到着した。

直正は直ちに宗建を引見してその功を賞した。佐賀藩でもまず医師の小児に植えたところみな善感し、良痘種を発した。八月二十二日、本丸の奥で世子淳一郎（直大）君に植え、つぎに庶弟皆次郎君に植え善感した。

同年十月、直正は江戸参府の際、島田南嶺に命じて痘種を持参させ、十一月十一日江戸到着後伊東玄朴に命じて、長女貢姫に植えさせた。この時も大石良英らが立ち会っている。このようにして佐賀藩の、日本最初といわれる種痘には常に良英が立ち会っている。これから大石良英の名はいよいよ高くなった。

好生館成る

それから二年後の嘉永四年（一八五一）二月、八幡小路に医学寮が開かれ、大庭雪斎、大石良英らが教鞭をとった。二人はまた隣の蘭学寮で蘭語を教えた。医学寮は安政五年（一八五八）十二月、水ヶ江町に移され、「好生館」と改称され、雪斎、良英両人とも教導方を命ぜられた。蔓延元年（一八六〇）一月には雪斎が好生館頭取、良英が教導方頭取として好生館の充実につとめた。

続いて文久元年（一八六一）一月八日、藩では漢方医術を廃し、西洋方に改めるべく諸役所より達示された。しかも城下二里以内はむこう二年以内、その他はむこう四年以内に相改むる事、とある。

このように良英は雪斎とともに蘭学寮、好生館のトップリーダーとして直正の信任も厚く、佐賀藩近代化に中心的に参画している。そして良英は侍医として胃腸病に悩む直正の保健には特に腐心している。直正公伝には次のように述べている。

「嘉永・安政の際に至り、漸く胃腸の消化力の衰を見るに至りしかば、蘭方医ながら東洋の習慣を参酌し、飲食の調和をよく保らしめて名医の誉れ高かりし侍医大石良英は公の早食につきて注意を与へたり。大石は就食には勉めて胃腸の神経を和げるべく、食物をよく咀嚼し唾液を加えて嚥下せらるべし、されば食間には歓談をなす等なるべく徐々に召し上るべしといい、因て近習の人にも亦之を注意したり。……大石は魚鳥は肉のみ煮て滋味に乏しかるべし、凡て生物の膏脂は骨皮の間に存じ、滋味亦此に多く含有せらるるを以て、肉のみを調理するは、ただに滋味に乏しきのみならず、滋養分も奪ひ去るなり、されば今後骨皮全部を混煮し、其中より最も滋味多き部分を選みて進めらるべしと勧告したり」

良英は長崎でシーボルトに、江戸で伊東玄朴に、次いで大阪では緒方洪庵に本格的蘭学を学んでいて、蘭学医学に非凡の天稟を有し、しかも人物温厚で雅量があり、直正の政策遂行にも大いに助力している。

著書として「昆刺地印度吐潟病篇」「吐潟病々因治法則」などがある。

杉谷雍助

七賢人の中心

杉谷雍助は文政三年（一八二〇）生まれで、幼名を虎之助といった。額は広く、あごが長く、眼光鋭く人を射て、音声は割れ鐘のようであったという。若いころから頭脳明晰で、藩校に入り困苦精励し、頭角を現し、また剣槍銃砲術にも長じ、その奥義をきわめた。弘化年間二十五歳ごろ、長崎に出て蘭学を学び、続いて江戸に転じ、嘉永三年（一八五〇）帰国して蘭学寮教導となった。そしてお鋳立方七賢人の中心の一人として努力を重ね、ついに反射炉の成功と共に鉄製大砲製造を完成させ、佐賀藩の軍事力強化に大きな功績をもたらした。

佐賀藩では嘉永五年（一八五二）ごろには反射炉は成功し、精煉方の事業も軌道に乗りつつあった。そして数年前まで「蘭文は医師および微賤の者に読まれたるのみなり」と「直正公伝」にある通り一般には卑しめられていた蘭学も次第に盛んとなってきた。また彼の人となりについて「杉谷は手明鑓にて蘭学を修め、資性気根強く、翻訳に精励して倦まず」とある。精煉方では「杉谷の冶金」として蘭学者とともに理学者として高く評価されていた。

ペリー来航

嘉永六年（一八五三）六月三日ペリー来航により、幕府は周章狼狽して、大船製造の禁令を解き、泥縄式に品川沖台場建設に着手した。

〝つくかねの六つ（午前六時）よりいでてお台場の土俵かさねて島となりぬる〟

と落首にもあるとおり昼夜兼行の大工事であったが、出来上がった台場はほとんど役にたたなかった。やむをえず長崎砲台築造の経験ある佐賀藩の教導を受けることになった。韮山の江川英竜の手代八田兵助が江川から直正公への書状を持って、本島藤太夫に面会を求め六月十七日佐賀に着いた。その書状とは「今度公儀より鉄銃鋳造の命を蒙り、反射炉を築き立てんとするに、色々不明分の点に疑惑す、御当家にては十分御成功と承知す、依て示教を仰ぎたく家来の者を遣はす」との主旨であった。

本島は先年長崎台場築造にあたって、韮山で江川からいろいろ教示を受けて面識があったから好都合であった。八田はそのとき出張先の長崎で本島と面会した。本島は「佐賀では大砲鋳造に取り掛かってから改鋳実に数十回、困難続出したが、刻苦精励試験研究を重ね、漸く可なりの砲を鋳成し得た。佐賀に杉谷雍助がいるから、実地について雍助から承知されたい」と答え、さらに神ノ島の備砲、火薬倉など残らず説明した。さらに佐賀では「杉谷雍助は八田兵助を引接して、現在の炉火に鎔せる鉄を型に鋳し、水輪にて錐台を旋回して砲腔をつくり外形を削る等の工事を示して種々委しく説明した」ので八田も感嘆した。このことは雍助が反射炉、鋳砲の中心人物であったことをよく物語っている。

燃える学究心

しかし雍助は当時佐賀藩で開発した鉄製大砲や鎔化実験に満足せず、さらに研究したいとの念願をもっていた。

嘉永末頃から米艦渡来に刺激され、海防、軍備充実策が焦眉の急務となった。長崎奉行水野築後守は幕府の命によって出島商館長キュルシウスに蒸気軍艦の回航、兵学造船教師招へいを依頼したら商館長も快諾し、いよいよ蘭人伝習が実現することになった。やがて安政元年（一八五四）、本国から軍艦二隻が七月ごろ長崎到着の予定だと報告された。しかし当時蘭人から直接教えをうけるなどということはなまやさしいことではなかった。第一長崎御番方における外国人との交際は厳禁されていた。そこで海軍創設に立ちあがっていた直正の意をうけ船将へ鋳砲…造船等を質問しようと期待していた本島、杉谷、中村らは質問事項を提出し、検使の立会いをうけさらに誓詞を出さねばならない。誓詞とは現在の宣誓のような形式的なものではなく、必ず結末に血判せねばならない峻酷なものであった。いよいよ七月二十日から三人は出島で楢林通詞を通じ、奉行所係官五人の検使の下にキュルシウスの前で船将ハビュースに質問書を出した。この会見でキュルシウスらは懇切に教えてくれたが、第三回会見の時「杉谷らが船将に議論がましき質問をした」ことをとがめて三人の蘭館出入りを差し止められてしまった。しかしそれでも雍助は屈しなかった。学究心に燃えていた彼は一策を案じて、江戸に上り幕府直参人に加わって質問をとげようとした。すなわち田中善右衛門の周旋と、岩瀬忠震、大久保忠寛の紹介で勝麟太郎の従者として長崎に下り改めて海軍伝習に加わった。先覚者の苦心のほどがうかがえる。

江川英竜が幕命によって、反射炉を築造するにあたり、雍助は招かれて韮山に行って指導した。これは安政五年（一八五八）に完成している。帰国後、彼は反射炉精煉方の中枢としてつくしたが、慶応二年（一八六六）四十七歳で没した。鍋島村観音寺に葬られたが、維新後精町泰長院に改葬された。京都の工学博士杉谷安一氏は雍助の孫にあたる。

本島藤太夫

鍋島直正襲封以来施政の大方針は、長崎防衛の強化と、蘭学導入による鉄製大砲開発であった。そして長崎砲台増強のためにも、鉄製砲鋳造が是非とも必要であった。

西洋砲術の藤太夫

本島藤太夫は文化九年（一八一二）生で、性頗る勤直。直正の信任が厚く、最も重用された一人で、世に西洋砲術の藤太夫と言われていた。

その頃日本近海にしのびよる列国の侵攻を察知し、直正は弘化元年（一八四四）に火術方をたて、新砲術を研究せしめた。はたせるかな弘化二年（一八四五）英艦が長崎へ、同三年英艦浦賀へ、また同年仏艦も長崎へ、そして嘉永三年（一八五〇）には英艦が浦賀へ来航した。

この様な事態から、敏感に危機を感じた直正は、嘉永三年長崎砲台強化と鉄製砲鋳造を幕府へ献策したが、少しも採用しないので、佐賀藩自力をもって、長崎築堡と大砲鋳造を決意した。

同年三月藤太夫を砲術稽古のため高島秋帆門下の江川英竜（伊豆）へ入門を命じた。藤太夫は江川について、直接築堡計画と、鉄製砲鋳造の質問をなし、続いて房総沿岸砲台を視察し、更に佐久間修理を訪ね、築堡のことを質問し、四月末帰佐、直ちに長崎に行き、神島、伊王島の実情を詳細にしらべ、五月初め帰国し、各地で収集した情報と諸家の意見を報告した。

こうしていよいよ築地の大砲鋳造と、長崎両島の築堡がはじまった。時に藤太夫四十一歳。

嘉永三年六月にたてられた鋳砲局は本島藤太夫が主任となり、失敗に失敗を繰り返しながら、一歩ずつ前進しつつあった。長崎の伊神両島工事は三年十二月末本島藤太夫、田代孫三郎が実地測量、査定し、波静かな六月（嘉永四年）から填海工事に着手した。

工事は玄界の荒波に続く急流の海峡のことにて、難工事となり、「どんどん転びの堰所の石よ」と流行唄にもあるとおり、百隻にも及ぶ船艇から投げこまれる状は、「金銀の塊を捨つるに同じ」と囃され、丸山から長崎市中に広がった。それも枠を沈める工夫を加えながら、両岸から築き進め、年末までに中間の深い処も、九十米を残すだけとなり、嘉永五年三月には築切の所も徒渉し得るほどに成功した。経費は十二万両もかかるので、幕府に十万両拝借を願ったが許されず、風水害復旧の名義で五万両だけ貸して貰った。

軍備近代化の主役

これから藤太夫その後の活躍の次第を、年代順に直正公伝から抜粋する。

嘉永六年七月十八日　露使節プチャーチン艦隊を率いて長崎入港のために本島藤太夫、長崎出張を命ぜらる。

嘉永六年八月十六日　本島藤太夫検使の従者として、露船に乗船、内部を視察す。

嘉永六年八月二十六日　本島再視察。

嘉永六年十二月五日　露艦四隻再渡航につき勘定奉行川路左衛門尉大目付筒井肥後守、委員古賀謹堂等長崎出張の途中佐賀に立ちよる。

同　年十二月十七日　幕府委員一行露使の招請に応じ露艦に乗船。本島藤太夫、中村奇輔等も従って乗船。

安政元年一月十五日　幕府委員一行佐賀藩の新砲台を覧て感嘆。

同　年三月二十七日　火術方に三人の師範役を設け本島藤太夫、相良源兵衛、永渕嘉兵衛之に任ず。

同　年六月十八日　長崎新砲台完成につき徳川家伝来の銘刀を直正に褒賜。更に拝借金五万両返納用捨

安政元年七月十二日　長崎出張中の本島藤太夫より、直正の蘭船乗込に関する手順につき移牒す。

同　年七月二十八日　蘭艦二隻長崎入港。

安政閏年七月二十日　本島藤太夫甲比丹キュルシウスに就いて鋳砲の質問をなす。

同　年八月十四日　本島藤太夫、横尾次郎右衛門等蘭艦に乗込み伝習を開始す。

安政二年六月　蘭艦二隻渡来。

同　年七月一日　幕府の海軍伝習始まる。本島、佐野など精煉方、蘭学寮、弘道館などから藩士四十八名参加。

安政三年一月　本島藤太夫、江川英竜より露西亜の秘密着発弾の製造射法を伝授せらる。

安政五年十二月二日　本島藤太夫蘭国教師を接伴して神島砲台を視しむ。

文久元年一月十四日　本島藤太夫長崎入港の露艦に至り艦長リハッチェフに長崎台場防備の要点を問う。

　このように藤太夫は、佐賀藩軍備近代化推進にあたって、終始主役を演じ、東奔西走席の温まる暇もなく尽力したが、彼は製砲ばかりでなく、各方面にわたって藩政に関与し、維新後は鍋島家経営の百六銀行の指導者として精勤した。

明治二十一年九月五日没。七十九歳。佐賀市岸川町妙覚寺に葬る。

よりそひて　静かなるかな　かきつばた

高浜虚子

好生館の主役たち

県民医療の中枢

幕末佐賀藩にとっては、長崎の近代的防備達成は至上命令として迫った課題であった。そのためには出島の小窓からさしこむかすかな西洋科学の光を巧みに吸収し、佐賀城下に精煉方を中心として軍事改革を見事になしとげ、さらに藩主直正は早津江造船所を充実させ、英蘭なみの海軍を建設しようとの野望をもっていた。しかし当時としては他の藩よりもはるかに進んでいた鉄製大砲鋳造や汽車汽船製造技術も、設備も、明治維新の奔流にあい、中央集権化の波におし流されてしまったが、好生館病院だけは県民医療の中枢として百年後も活躍を続けている。

ここに好生館百年のあゆみと学者たちのプロフィールを簡単に述べる。

弘道館教授古賀穀堂は、文化三年（一八〇六）十一月藩主斉正に「学政管見」を上申し、佐賀藩の学制を論じ、医学教育の必要を力説した。それから二十八年、天保五年（一八三四）七月財政、学制刷新を中心とした藩政改革に勇敢に乗りだしていた十代藩主直正は、穀堂の意見を採用して、医学館を八幡小路に試設した。初めは漢方医学を教授していたが、島本良順が寮監となってから蘭方も教授した。

その後、医学館はあまり振るわず、天保十年（一八三九）廃止された。

しかしアヘン戦争後、西からヒシヒシと迫ってくる圧力を感じた敏感な藩主直正は、長崎防衛の近代化のために、つまり佐賀藩の近代化のために総力をあげて突進することを命じた。その基礎は人づくりであり、教育の刷新であるとして、嘉永四年（一八五一）三月家中の士に対する「課業法」として徹底した教育督励法を定めた。すなわち「士分は一定の文学、武芸の修行資格を得るにあらざれば、本人ならば〝相続米渡り〟となし、嫡子ならば督励し、見込なき者は廃嫡すべし」と規定された峻厳なものであった。そして同年二月医学館を復興し、生徒に通学を命じた。

それから二年後嘉永六年（一八五三）には、ペリーの率いるアメリカ東インド艦隊が浦賀に来航、巨砲で威嚇して開港を迫った。そのとき佐賀藩だけは、幕府ほどには驚かなかった。この事あるを予期し、前年精煉方を創設して、藩の軍備近代化に着手していたからである。しかし国内では幕末の争乱がスタートし、ついには明治維新となるが、佐賀だけは派手な動きはせず、黙々として軍備近代化と産業革命化に進んでいた。そして医学館では安政五年（一八五八）九月蘭学中心に改革がなされた。すなわち「御側医師は申すに及ばず、陪臣、町医、郷医に蘭方医学修業」がおおせ付けられた。医学館は同年十月に教導方として、蘭学者大庭雪斎、大石良英が採用された。

水ヶ江に好生館

安政五年十二月十七日医学館を片田江町深堀官兵衛宅跡に移転した。同月二十六日医学館を好生館と改称し、直正公から賜った「好生館」という扁額を掲げた。これが現在の好生館の起こりである。実に百二〇年前のことである。
安政七年（一八六〇）一月好生館職員は左の通りであった。
教導方　大庭雪斎、大石良英
同助手　牧春堂、渋谷良次
指南役　宮田魯斉、上村春庵、金武良哲

金武良哲

元須古の家臣で、後に佐賀藩士に列せられた。まず、氏名について一考したい。遺稿や蔵書の署名には、野口良哲、山村良哲、金武良哲などいろいろ用いられている。良哲は通称で泰明または延明ともいい、観養堂はその号である。文化八年（一八一一）生まれで月日は未詳。

少年時代のことは資料が乏しくわからないが天保元年（一八三〇）二十歳ごろ佐賀蘭学の始祖島本良順の門に入り、医学と蘭学を学び、天保十年（一八三九）八月二十九歳のとき江戸遊学に出発、九月二日伊東玄朴邸に到着、九月七日入門し、代診をしながら勉強した。象先堂塾門入録には山村良哲とある。江戸留学二年、父忠左衛門病気の報によって、天保十二年（一八四一）十二月十八日佐賀に帰着、同月二十五日伊勢屋町に居住、翌十三年（一八四二）二月二十五日父卒、天保十四年

（一八四三）中町に転宅と日記にある。中町で蘭方をもって医術開業した。

藩に出仕したのはいつごろからか明らかでないが、「直正公伝」は弘化元年（一八四四）大石良英を士籍に列し、侍医を命じたとある。さらに「鍋島安房も町医山村良哲を家士にかかえたり」とあるところから弘化一―二年ごろからと推察できる。

安政五年（一八五八）十二月藩医学校は片田江に移されて「好生館」と改称、良哲は指南方を命ぜられ、三人扶持をいただいた。この時は金武となっている。次の辞令がある。彼の蘭学が藩に認められたわけである。

安房家来　　金武良哲

右者西洋医学研究学術共殊熟治療方手広相整就中好生館御改築後御雇ニ而指南方被仰付置候処別而心懸厚諸生取立筋厳密相整向以御用可相立者ニ付三人御扶持被為拝領候

元治元年（一八六四）十二月鍋島本藩に召し出され一代侍として五人扶持を給せられた。年齢五十四歳。

慶応二年（一八六六）好生館教導方差次。

慶応三年（一八六七）好生館教導方を命ぜらる。

明治二年十月十九日軍事病院中病院長に任ぜらる。

明治三年四月十七日以本官算術小師範兼被命候事。

明治四年一月九日小教諭被命候事。

明治四年八月十日「命員外四等出仕」とあり、精煉方勤務として、以来十二年間勤め、明治十七年二月十八日七十四歳にて、中町の自宅で逝去し、紺屋町安楽寺に葬られた。鍋島直大は彼の功労をくみ祭祀料百円を贈った。

豊かな才能

良哲はすぐれた蘭方医学者であるとともに、物理数学にも長じていた。そしてまた、堪能な語学者であり、和蘭語、ラテン語はもちろん露語、英語にも造詣があったようである。彼の学識はその豊富な著書によって窺うことができる。ここに彼の訳著書を紹介する。未刊のものも含まれている。

医書　羅甸人身諸器名辞書(解剖辞書)。ビショフ著泰西熱病論。メデルヴォルト著袖珍薬剤精選。グーテッツ著病名辞典訳稿。薬品字引。なお「解剖辞書」に同郷の友人大蔵種典氏の序がある。いわく「吾郷の医金武良哲人トナリ敏捷巧緻頗ル蘭書ニ渉リ算数ニ明ナリ。傍諸術ニ通ス」と。

語学　冠辞形容辞代名辞屈曲。

物理　格物致知略説。学校理学入門。硝石論蕃民理科新説。舎密学通論。

数学　アルゼブラ巻一。知球積法。測量式。立法手順　平方　帯縦平方。開立法。順比例。三乗法九九。開平方。除方。命分。開三乗法。開五乗法。算法手覚。対数取扱。

「安政四年公(直正)乃新建設好生館、掃蕩旧習、理定医制、而医道大備焉、而先生及大石良英等専任数学文責」

これは好生館開設の時、格物窮理、解剖、病理、分析、薬性、治療の七科をさだめ、良哲が指南役を命ぜられたのをさしている。そして当時、佐賀藩で高等数学を担当する者がなかったので、良哲が専任となったのであろう。

また「先生為人沈静慎密、学富才優、気力過人」とはよく彼の人となりをあらわしている。

蚊で睡魔はらう

良哲の刻苦勉強ぶりは並外れて猛烈であった。ある時、藩主直正が深夜城下町を巡視した。おそくまで灯がついている家があった。直正は「良哲じゃろう」と言った。役人が調べたら果して良哲で、彼はハダカで本を読んでいた。「蚊が食わないか」と聞かれ「蚊に刺させて睡魔を退けています」と答えたという。まさに「気力過人」である。

この碑文のあとの方で「嗚呼先生の功徳豈文而顕乎…泰西伝学医術通神　秘訣存心　医国医民不阿長桑　不畏越人」また「泰西書不訳則不己」とあるのは、彼の不屈をあらわし、簡にして要を得た記述である。

前に述べたように良哲は、天保十四年二月中町で開業しているが、開業医として随分奇行のあった人である。ここにそのいくつかを述べる。

若い頃は非常に貧乏で蘭書を買う金がなく、友人から借りて手写したことは碑文にも刻してあるが、当時の貧乏話一つ。新婚間もなく江戸に上って勉強することになり、妻は一時、実家に返すことにした。家財道具を整理してみたら、みんな借り物ばかり。自分のものは鉄ビン一つであった。

また、ある時、道ばたで大工さんが仕事をしていた。じっとそれを見ていた良哲は「お前それでは木の不経済だ」といって半日でも一日でもかかって丁寧に、数理的に教えたという。

訳著書のなかに「アルゼブラ」とか「知球積法」その他多くの数学書があるとおり、当時まれにみる数学者であった。後年長女、晴気作一郎妻ヨウの長男市三が士官学校入学準備をしたとき代数を祖父良哲に習った。しばしば難解な問題を良哲に尋ねたことがある。彼は長く考えて正解を出した。時には一晩考えたこともある。しかし解けないことはなかった。

佐賀藩で最初に牛肉を食う

良哲は佐賀で牛肉を食った最初ごろの人である。肉は多布施村の畜殺場からとり寄せていた。直正が精煉方、反射炉、三重津造船現場に働く要人、工員たちの保健と食生活改善のため始めたのが多布施の畜殺場である。精煉方南西に約千平方メートルの敷地に設けられた。最初「四ツ足」といっていみきらわれたが「殿がすすめられるから…」と一部の物好き連が恐る恐る食いはじめた。食べてみると意外においしかったので少しずつ広がった。

良哲は三女喜代のお産後にすすめた。喜代は「二十一日間は塩もなめてはいけないはずです」と拒んだが、良哲は食べさせた。良哲は牛肉を食品ではなく元気のつく薬として食べさせたわけである。

直正公伝に面白い記事がある。

「茲に一奇人あり。六座町に銅細工をなして細き煙を立てたる者の子なり。資質極めて魯鈍なりしが…侍にならんと…医家の学僕となり、漢字を覚えんと刻苦精励して倦まざりき。されど鈍才にて学は更に進まず、偶々蘭書は二十六字を記憶すれば読み得らるると聞き、島本良順の学撲に住み替へ、更に刻苦して遂に原書を読み得るに至りしかば山村良哲と改称して町医を開業し…人の奮発は怖ろしきものかな。後良哲は一代侍として好生館教授に任ぜられたり」

しかしこの話はうすのろから武士、貧職人から好生館教授にとあまり面白く語られているのでその真偽はお預かりとしておきたい。

明治十二年長男池田専助は一等医を命ぜられ、好生館院長心得となった。専助長男良夫は金武姓となり名外科医としてきこえ、その長男が現良正院長である。専助二男池田寅二郎は大審院長となった。良哲は明治十七年二月二十八日死去。七十四歳。

牧　春　堂

牧春堂は漢蘭折衷の内科医で、佐賀藩侍医である。

一七九六年にジェンナーが発見した牛痘接種法の話は、日本では最初享和三年（一八〇三）長崎の馬場佐十郎がオランダ商館長ヅーフから聞いたとされている。その後、シーボルトも試みたが失敗し、天保十年（一八三九）蘭漢医リシュールも接種したが不善に終わった。それから十年、伊東玄朴の進言によって、藩主直正は長崎在住の藩医楢林宗建をして痘痂をバタビアに注文し、それがついたのが嘉永二年（一八四九）七月であった。宗建はただちに息子建三郎の右腕に接種善感。直正は宗建を佐賀に招いて自分の世子淳一郎君らに接種させた。

これも善感。直正は非常に喜んで、佐賀藩内に広めさせた。さらに、九月参府に際して、島田南嶺に命じてその痘種を持参させ、江戸着後先ず伊東玄朴の娘に植え、その後十一月その種を採って長女貢姫に接種した。その席に立ち会ったのは侍医水町昌庵、佐野儒仙、大石良英と牧春堂の四人であった。春堂時に二十九歳。

彼は文政四年（一八二一）生まれで文久三年四十二歳で没している。「引痘新法全書」「半稿雑記」「引痘日記」「引痘略」などの著書がある。

安政五年（一八五八）十二月医学寮を片田江に移し、「好生館」と称し、直正公より賜った「好生館」の扁額を掲げた。その時、職員として、教導方大庭雪斎、大石良英、教導方差次渋谷良次、指南役宮田魯斉が命ぜられた。

渋谷良次

須古の医師で宮田魯斉とともに安政から明治初年ごろにかけての佐賀藩の蘭学者であった。若いころ緒方洪庵の門に学んだ。「直正公伝」には「須古の医士渋谷良次緒方洪庵の門に学びて原書を読むに有力なる新進なり」とある。「養生須知」の著書がある。

安政六年（一八五九）七月指南役宮田魯斉。教導方差次渋谷良次
万延元年（一八六〇）十二月教導渋谷良次
元治元年（一八六四）教導方宮田魯斉
明治二年四月、好生館内に医局を設け、一等医、二等医、三等医などの等級を定められる。その結果、一等医なく、二等医教諭松隈元南、三等医副教諭渋谷良次
明治三年一月、好生館医学教諭宮田魯斉、副医長渋谷良次―とある。

宮田魯斉

嘉永六年（一八五三）ペリー艦隊に接して、海軍の必要を痛感した幕府は、さっそく長崎奉行を

通じて、オランダ商館長に依頼して軍艦を注文した。その結果、まずオランダから蒸気船が寄贈されることになり、安政二年（一八五五）七月スンビン号（後の観光丸）が長崎に着いた。オランダ士官は船長ペルス、ライケン以下二十二人で、スンビンを練習船として海軍伝習が始まった。これには勝麟太郎以下諸藩の伝習生が加わった。やがて安政四年（一八五七）八月には幕府注文の軍艦ヤーパン号（後の咸臨丸）で隊長カッテンディケ以下第二次教育隊が到着した。これには幕府の依頼で医学伝習を行うため、海軍二等軍医ポンペが来朝し、日本医学に大きな影響を与えることになる。時に二十八歳。ポンペの身分はオランダ商館付医官ではなく、幕府依頼の御雇外国人教師であった。

ポンペ・長崎大学医学部

安政四（一八五七）十一月二十日、ポンペは日本人学生たちにはじめて西洋医学を講じた。この日をもって長崎大学医学部のおこりとしている。文久二年（一八六二）十月、ポンペが帰国の途につくまでの五年間にその指導を受けた者は百三十三人に及んだ。その中には松本良順、石黒忠悳、橋本綱常、司馬凌海、佐藤尚中、長与専斉らがいて、明治医学界の巨匠はほとんどその流れをくむものである。

佐賀藩の宮田魯斉、永松玄洋、島田東洋もこれら俊秀と机をならべて基礎医学からの本格的洋式講義を聴いた。宮田は若いころ伊東玄朴、緒方洪庵について医学、蘭学を学んだ出色篤学の士であった。

その後も宮田はしばしば長崎に遊び、医術を研修している。

なお永松玄洋は安政六年（一八五九）五月、島田東洋は万延元年（一八六〇）一月、好生館指南を命ぜられた。

上村春庵

初代上村春庵は佐々木源氏の末裔徳川五代将軍綱吉の時代、延宝八年（一六八〇）近江の国に生まれた。長じて日本三医の一人、古医方の大家吉益周助の門に入り、江戸遊学中、田沼意次の失政を憤り、同志とともに事を起こそうとして発覚し、急いで生家に赴く途中、籠の中で頭を丸め、近江の上村部落で不審尋問にあったとき、初めて「医師春庵」と名乗って危うく難を免れたと伝えられている。

武士より医人

師の吉益周助は名を為則、通称周助、号を東洞といった。周助は識見卓抜硬骨の人であり、祖父政慶が畠山氏重臣として聞こえた武門であるのに心ひかれ、武士になろうと馬術槍剣に興じたが、十九歳のとき志をひるがえして父の業を継いで医を志した。「一城を征する武士よりも、天下を医やす医人となるが生甲斐あり」と悟ったという。

師に古医道の泰斗後藤艮山、友に日本最初の人体解剖をなし「臓志」を著わした山脇東洋を持ち、次第に頭角を現し、古医方の深奥に達し、「万病一毒説」を発表した。

春庵はその後長崎に出て蘭学を修めた。文政五年（一八二二）ごろ、トンコロリン（コレラ）が流行したので、新知識の春庵が典医として鍋島家に召し抱えられた。当時の着到によれば切米五十石とある。

文政六年（一八二三）シーボルトが来朝し、伊東玄朴は彼について蘭学、医学を学び、のち江戸に出て象先堂という塾を開いたのが天保四年（一八三三）玄朴三十四歳のときであった。

象先堂入門・第一号

象先堂門人録には岩手県十四人、宮城県十三人、茨城県十二人、東京都三十人、埼玉県十五人、新潟県十六人、岡山県十五人、山口県二十人、愛媛県十五人、静岡県十二人、和歌山県十二人、佐賀県四十六人など、医者、学者、政治家、軍人ら多士済々の四百六人が記されている。

そして最も早く入門したのが佐賀藩の門地高い医家上村春庵であったと「伊東玄朴伝」にある。

その後、五代春庵、六代春甫ともに優れた蘭方医であったが、特に五代春庵は安政五年（一八五八）好生館医学校が設立されたとき指南役を命ぜられた。明治二年七月好生館職制改革があり、春庵は準三等医官副教導を命ぜられた。
その時一等医官はなく、二等医官教諭は松隈元南、三等医官は渋谷良次であった。六代春甫は好生館の教師、県立病院唐津院長などを歴任、七代春庵は東大医学部を卒業して明治四十一年、現在地の上村病院を開設し今日に至っている。
いまの周甫院長は八代目である。
人生に浮沈興亡あり、家業に盛衰変転があるのは世の常である。医業二百年に及ぶ上村家は、その間幾多の困難に遭遇されたであろうが、営々として今日に及んでいる優れた医家系である。
尚、上村家には初代春庵が長崎遊学に出発するとき与えた吉益直筆の書が保管されている。
曰く
江州人　上村春庵
右は当方門人に候
今般長崎まで旅行についてもし旅宿滞り候はば頼み存じ候　以上
明治元甲申年八月　吉益周助
諸国門人中

県立病院の館長

明治四年九月、伊万里県と改称、五年三月には県立好生館病院として開院され、米人ヨングハンス御雇教師として着任した。

明治五年六月佐賀県と改称さる。

明治六年二月ヨングハンス満期退職し、米人教師スローン来任。

明治九年八月長崎県となる。

明治十年一月長崎県所轄公立佐賀病院と改称。

明治十二年一月郡立佐賀病院となる。江口保定（梅亭）、山口錬治院長心得を命ぜられる。

隣県からも患者

明治十二年八月ドイツ人教師デーニッツ来任。沢野種親、池田専助一等医、院長心得を命ぜらる。

そのころが好生館の初期全盛時代であったようで、患者は隣県からも殺到し、早朝から門前市をなす盛況だったという。

明治八年の記録によれば、そのころの外国人（米人）教師ロバートジスロンの俸給は三百七十五円であった。その時の日本人職員は院長松隈尚賢二十円、一等医山口錬治十五円、二等医池田陽雲十二円であった。次のデーニッツの俸給は実に五百円であった。その時、入院科上等十八銭、中等十五銭、並等十二銭であったことと見れば、外人教師は破格の優遇であったといえる。そして、それが初期の好生館経営にあたって大きな重圧であったことは想像にかたくない。

デーニッツ（DOENITZ）は一八三八年生で、明治六年七月来日し、東大医学部の前身、東京医学校の教師として解剖学を担当し、明治九年満期退職し、警視庁で裁判医学を教えた。明治十二年好生館着任、明治十九年帰国し、ベルリン大学、エールリッヒ研究所で研究し、のち伝染病研究所部長となった。一九一二年死亡。

明治二十一年公立病院佐賀病院池田専助病院長となる。

佐賀県立病院好生館・誕生

明治二十九年十二月十一日県病院となる。「佐賀県立病院好生館」と改称。渋谷周平館長に任命さる。佐賀県にただ一つの総合病院として、近代設備を誇る県立病院が、ここに誕生した。

渋谷周平は滋賀県彦根の人。明治二十二年東京大学を卒業し、内科専攻。すこぶる臨床に長じた。また文藻あり松東と号した。退職後一時武雄に開業し、のち横浜市に移り、大正五、六年ごろ病没した。渋谷は在任六ヵ年間に名実とも県立病院としての内容充実をはかり、三十四年九月に本館、病室の新築をなし遂げた。

明治三十五年四月二十四日青木周一館長に任命さる。

青木周一は山口県大島の人で、明治二十八年東京帝国大学を出てスクリッパ教室で外科を専攻し、名医の名が高かった人で、退任後直方病院を経営すること数年、病のため郷里に帰り、いくばくもなく没した。

明治三十八年四月一日大黒安三郎館長を命ぜらる。

大黒安三郎。高知県の人で明治三十二年東京帝国大学卒業、三浦内科に学び、三十五年好生館内科部長、三十八年館長就任。当時本県に非常に多かったワイル氏病につき多年臨床上の研究をなした。四十一年ドイツ留学から帰り、その研究をまとめ学位を授与された。豪傑膚の人で性剛直、人に屈せず名館長といわれたが、大正四年十月二十一日急性虫垂炎のため数日にて病没した。

大正四年十一月三日臼井鉄治館長を命ぜらる。

臼井鉄治。栃木県の人。明治三十六年東京帝国大学卒業後、佐藤外科教室にて外科専攻。明治三十八年五月好生館外科部長を命ぜられてから在職十八年。本館及び病棟の新築、内容改善などに大きな功績を残した。退職後市内に外科病院開業。昭和二十三年十二月三十日没。

大正十二年九月二十五日志村宗平館長を命ぜらる。

志村宗平、神奈川県の人。明治四十五年九大医学部卒。内科専攻。寄生虫学に造けい深く、温厚な学究膚の人であった。在職十三年、理学療法科、皮膚科新設などの事業を起こした。退職後市内に開業し、昭和三十九年二月十三日没す。

昭和五年八月二十七日築地美暢館長を命ぜらる。

築地美暢、香川県の人。大正七年九大卒。内科専攻。館長在職二十三年の長期に及び、県医界の中枢として貢献する所甚大であった。

昭和二十八年十月一日、鶴丸広長が佐賀県人はじめての館長として登場した。

ひとつ咲く　酒中花は　わが恋椿
石田波郷

武雄の蘭学

温泉として名高い武雄には、郷土史からみて、興味ある歴史的事績がある。第一は平安朝以来明治維新まで領主として続いた後藤氏のこと。第二は一万石そこそこの小藩ながら蘭学と十九世紀の西洋文化を摂取したことである。

今の武雄鍋島家の祖先は源頼義、義家に従って衣川で戦い、その恩賞として康平六年（一〇六三）二月、塚崎の庄（武雄）を賜った後藤章明である。その子資茂のとき元永元年（一一一八）に初めて入部し、塚崎城（武雄城）を築いて、九百年後の今日まで続いている。しかも激動、変転政情常ならず、非情浮薄な時代に、よく南朝皇室に対する忠節を貫くほどの武力と節操を守り通したことは驚嘆に値する。

武雄蘭学のおこり

鍋島直正は天保元年（一八三〇）二月七日家督を継ぎ、三月二十七日佐賀へ入部した。十七歳の青年藩主は長崎に深い関心を持ち、四月七日佐賀発、長崎の受持台場を巡視した。しかしそのすぐあと蘭船入港の報によって、六月二十七日再び長崎へ行き、蘭船に乗り込み、内部構造などを視察した。武雄領主鍋島茂義もそのとき蘭船見学の好機を得た。このとき直正、茂義の二人は初めて宿願を果たし、西洋文明の光に接したのである。

武雄領侍医中村平太郎（涼庵）は文化六年（一八〇九）生まれで文政六年（一八二三）十五歳のとき京都に出て、吉益北州の門に入って医を学び、さらに長崎に行き、蘭語を通詞名村貞五郎に学び、楢林栄建宅にてシーボルトに就いて医学を修め、天保二年（一八三一）武雄に帰った。新知識を渇望していた領主茂義は彼を起用し、西洋医術を研究させた。これが武雄蘭学の創始である。西洋砲術については、茂義が本藩執政の要職にあるため、家臣平山小平（醇左衛門）を長崎に派遣し、高島秋帆に入門させて、その伝を受けさせた。天保三年（一八三二）八月のことである。

このようにして武雄蘭学は医学と兵学とにその端を発し、次第に花を開くことになる。

中村涼庵

「武雄史」によれば「天保八年（一八三七）武雄における西洋医の開祖中村涼庵は、長崎において貧民の男児に種痘を施し、母子を携へて武雄に帰り、甥の平吉誠舒（天保五年三月生）とその弟牟田忠行（天保八年正月生）の両児及び侍の子女に移植し、その種をもらって領主茂義の世子茂昌（天保三年十一月生）にも移植した。これが第一回の種痘である」と記してある。佐賀藩におけるモーニッケ種による種痘が嘉永二年（一八四九）であるから、それより十二年前のことである。有馬成甫著「武雄の蘭学」にも「これが我国における最初の種痘であるといってさしつかえないであろう」と述べている。このように武雄の種痘はまさに歴史的事績と言うべきである。しかし残念な

がらそれを裏付ける記録は残っていない。（注：この時の種痘は人痘法による種痘と思われる）
その後、涼庵は明治三年本藩の佐賀好生館小病院長に抜てきされ翌年には中察監となった。

平山醇左衛門（小平）

天保三年（一八三二）八月長崎の町年寄で西洋砲術の高島秋帆の弟子となって、焼玉、照明弾、箱玉などの製法、火薬の製造法を修得して、天保五年（一八三四）武雄に帰り、洋式砲を鋳造した。しかし第一回は失敗し、天保六年（一八三五）七月には秋帆の直接指導で臼砲と野戦砲を造り、成功した。天保十二年（一八四一）五月秋帆が幕府の命によって、徳丸原で洋式火砲の実演をした際に、醇左衛門も参加し、将軍家慶の面前で実演に従事した。天保十三年（一八四二）五月には佐賀本藩の蘭砲術稽古方、製造方にとりたてられ、火薬の製造に非凡な腕をみせ夜照玉を開発して藩主から激賞された。しかし、翌十四年（一八四三）十一月、三十四歳にて打ち首に処せられた。その罪名や理由は不明であるが、師の秋帆が大砲密造の容疑で幕府に捕えられたので、武雄領主や佐賀藩主に迷惑が及ぶのを恐れて、自ら犠牲になったものと解せられている。

山口尚芳

武内町真手野で天保十年（一八三九）五月に生まれた。領主茂義の命によって長崎に派遣され、蘭語を修得し、続いて佐賀藩致遠館のフルベッキについて英語を学び、佐賀本藩の翻訳掛兼練兵掛となった。討幕運動が活発になると、京都に出て薩長連合の陰の力となった。明治元年新政府の外国事務局御用掛、明治四年には外務省輔に任ぜられた。続いて政府は条約改正のため欧米に使節団を派遣したが、その副使に選ばれた。明治八年元老院議官、同十四年会計検査院長、同二十三年貴族院議員となった。明治二十七年六月五十六歳で死亡した。

鍋島茂義

第二十八代武雄藩主。文政五年（一八二二）十一月、二十三歳の若さで佐賀本藩の執政を命ぜられ、翌六年（一八二三）藩主斉正と将軍家斉の娘盛姫との婚儀が議に上ったが、茂義は財政逼迫を理由に延期請願に奔走した。しかし同八年（一八二五）十一月婚儀は終わり、彼は江戸を発して品川の鍋島別邸に立ち寄った際、主君の別邸は無用の長物で費用を食うばかりだとして、独断でその家を破壊してしまい、切腹を命ぜられたこともある。また天保三年（一八三二）には老公（巍松公）の江戸出府希望に対し、財政上の理由から反対を唱え、おしかりを受けた。このように彼は硬骨激情、しかも無欲恬淡であった。その後彼は執政を引退して武雄に帰り専ら西洋文明の吸収に没頭した。ここに武雄蘭学が起こり、本藩の洋学も武雄の先駆に導かれることになった。三十三歳の彼は執政十年の熱情をそれ以後西洋科学の導入に注いだ。そして洋式大砲の鋳造、西洋銃陣採用、ガラス製造、エレキ研究などを行わせた。このほか書画に趣味を持ち、画は素人の域を脱したという。

文久二年（一八六二）十一月、六十三歳で波乱の生涯を終えた。

鍋島茂昌

二十九代武雄藩主。天保十年（一八三九）九月、八歳で家督を継ぎ、嘉永五年（一八五二）二十一歳で佐賀藩の長崎警固仕組方頭人となった。嘉永六年（一八五三）六月、ペリーが軍艦四隻を率いて、浦賀に来航、七月にはプチャーチンが軍艦四隻を率いて長崎に来航した。長崎にいた茂昌は新鋭武器の必要なることを肌で痛感した。そして彼は炯眼（けいがん）の士茂義が開発した西洋兵器の製造と輸入に没頭した。慶応三年（一八六七）に彼が長崎で輸入した武器、弾薬は当時の金額にして六万両以上と推定される。明治元年六月、奥羽方面の戦雲急なるとき、朝廷側から鍋島直正を通じて、特別なごさたがあり、新兵器で武装した武雄軍団を率いて奥羽に出陣した。すなわち秋田港に上陸した茂昌は、精兵千人を率いて、庄内、秋田の各地に三ヵ月間転戦、今でも肥前兵の小銃や大砲の威力のすばらしさが語りつがれている。その時の装備は後装アームストロング砲をもって編成した砲隊を持ち、また新式スペンセル元込め銃を備えた銃隊四個大隊、十六個小隊があり、当時天下にその精鋭をうたわれた。

江戸に帰った茂昌は軍功により、政府から百五十両、直正から太刀と銀三千枚を授けられた。明治三年茂昌は新政府から陸軍兵部大輔就任を懇請された。兵部大輔は今の少将で、西郷隆盛は中将級であり、薩摩の軽輩の下につくことをきらって辞退して帰郷、武雄で悠悠自適の生活を送り、明治三十年男爵を授けられ、四十三年三月十五日、七十九歳で死去した。

各地の蘭学

蓮　池

鍋島直興（なおとも）

藩主鍋島直興は第八代佐賀藩主治茂の四男で、号を雲叟といい、〝蘭癖大名〟として有名であった。藩政改革を断行し、兵制、教育を刷新し、蘭学を導入した。自らも「仏蘭察誌」「欧羅諸図」の著書もあり、詩作にも長じ、「鍋島直興歌集」がある。さらに佐賀蘭学の始祖島本龍嘯（良順）を招き侍医に採用した。なお軍備近代化に努力し、高見浅五郎を長崎から招聘し、鎔鉄所を設置し、砲数十門を鋳造した。また長崎から高島秋帆門下の洋学者山本晴美を砲術師範として招いた。伊東玄朴の象先堂塾姓名録には同藩千々岩了の名もある。

蓮池文庫には、歴史、科学、語学、産業、宗教など千部以上あるが、そのなかには高島流砲術中段伝授、海軍銃卒練習軌範、高島流諸砲制度、熕鉄新書、銃砲教訓書、英国歩兵練法、和蘭海陸戦大略、仏蘭西軽歩兵程式などの兵器、砲術書が含まれている。さらに鎖国論（ケンフェル）、浜活法（シュルケン）、練卒訓話（トルシン）、西洋弾丸鋳造編（ユーニン）、艦熕法則（アブラハム）、溢阿児咖而唎（カルテン）、烙丸明辨（ヒエキエエニン）、舎密開宗（ヘンリー）、一日百里伝信通音録（グロッセ）など多くの蘭訳書があることは注目される。この開明藩主鍋島直興は明治維新に先だつこと四年、元治元年（一八六四）に没した。六十七歳。

唐　津

村山自伯

唐津生まれで、江戸初期の漢蘭折衷派の医師。幼名佐介といい後天徳と改めた。父信庸の医業を継いで彼も少年時代から医を志し、長崎に留学して外科を修めた。数年後髪を剃り、村山自伯と改名、吉田自休の門に入り、さらに外科を学んだ。元禄四年春（一六九一）有馬侯に招かれた。ついで太宰府の人吉田自庵とともに幕府医官に抜てきされて名を成した。宝永三年（一七〇六）没。著書に「村山流外科全書」がある。

久保田

藩主・村田若狭守政矩

深堀藩主鍋島孫六郎の二男で、フェートン号事件の六年後、文化十一年（一八一四）生まれで、若いころから蘭学を修めた進歩思想の人であった。村田家をついでから、長崎に遊学させていた家士の建言によって、領内に銃砲鋳造場を創立し、種痘を励行した。直正公伝には「泰西文明利器輸入は支藩久保田の村田若狭を推さざる可からず…」とある。そのころ時局は急変し、安政二年（一八五五）和親条約、同五年（一八五八）通商条約が締結され、長崎、神奈川、函館が開港された。この報に米国宗教界はにわかに活気づき、新開国日本三千万民衆の魂の福音伝導に挺身する特志宣教師を派遣することになった。その人選には、高潔な性情と、堅固な信仰と、博識な学問と、達者な語学力と、オランダ生まれの米国人という条件を認められ、フルベッキがアメリカ宣教師として最初に長崎の土を踏んだのが安政六年（一八五九）十一月七日であった。

日本語を習い、またキリストを紹介しようと日本人に話しかけると「だめだ、だめだ、首をはねられる」と身ぶり手まねで逃げてまわる。キリスト教の入り込む余地はまったくない。開国はしたものの切支丹禁制は依然として厳に守られていたのである。フルベッキは仕方なく機会を待つことにした。

こんなとき彼の前に現れたのが村田若狭である。彼は皆がしりごみしているときヤソ教と言って恐れもせず「キリスト教について承わりたい」と言って来訪したのである。フルベッキは驚喜した。若狭は飢えたように、フルベッキから信仰と科学とを吸収しようとした。フルベッキは親切にゆっくりと彼の質問に答えた。慶応二年（一八六六）若狭守とその弟綾部の二人はフルベッキによってひそかに洗礼を受けた。

フルベッキはオランダユトレヒト工業学校出身で機械、土木、建築の経験が深く、語学は英、独、仏、露国語に通じていた。だからフルベッキから工学の教えを受けて、若狭は蒸汽船の模型を作り、嘉瀬川に浮かべた。工学機械の書物は、フルベッキのサインと日付け入りで、長く村田家に伝わり、最近同志社大学図書館に寄贈された。

小　城

遣米使節

安政五年（一八五八）の日米修好通商条約批准のため、使節をアメリカに派遣することになり、米国軍艦ポーハタン号が使節艦、威臨丸が護衛艦に選ばれた。ポーハタン号には正使新見豊前守正興、副使村垣淡路守範正、監察小栗豊後守忠順が乗り込んだ。威臨丸には軍艦奉行木村摂津守喜毅、軍艦操練所教授方頭取勝麟太郎義邦が乗り込み、随員として二十七歳の青年福沢諭吉も加わった。

藩主鍋島直正は使節派遣のうわさを聞き、西欧諸国を知るのはこの時だとばかり、佐賀藩からも随員を出すことを主張し、その人選を命じた。長崎を通じて、クリミヤ戦争、アヘン戦争の情報をつかむなど、海外知識欲に燃えていた直正は、新興国アメリカの情勢を知るには絶好の機会だと思ったのだ。火術方から本島喜八郎、島内栄之助、精煉方から福谷啓吉、蘭学寮から小出千之助が加わり（以上ポーハタン号）咸臨丸には秀島藤之助が乗り込んだ。随員は皆藩を代表する俊才ばかりであった。ポーハタン号乗組員名簿を見ると、村垣副使の従臣九人の中に綾部新五郎幸佐（二十九歳）がおり、属吏の中に寄合医師として宮崎元立正義（三十四歳）、御雇医師川崎道民（三十歳）がいる。川崎道民は佐賀藩士であり、明治維新期に新聞を発行、写真術の導入に活躍した人物である。綾部新五郎と宮崎元立は小城出身者である。

なお伊東玄朴の象先堂門人録には小城出身者として、宮崎元益、堤柳翠、水町玄道、村山有山、神代玄哲、斉藤玄周、石動貴吾、香田文哉、小野宅右衛門、宮崎元立ら十人の名が載っている。

このように象先堂塾生四百六人中佐賀出身者は四十四人であり、そのなかで小城出身者が十人もいることは注目に値する。

宮崎元立

宮崎元立は父元益と同じく伊東玄朴の象先堂に学び、ついで大村益次郎の鳩居堂の門に入り蘭学を修めた。

万延元年（一八六〇）の遣米使節団には寄合医師として参加した。寄合とは非役のこと。まだ修業中の医者の見習いのことである。成業のあかつきには御番医（幕府の政庁たる表御殿に詰める医師）となって御番料をもらうことになる。

元立の乗り込んだポーハタン号は一月二十二日横浜を出港してハワイ、サンフランシスコを経て三月五日パナマ入港、その後汽車でパナマ地峡を横断し、再び米船でポトマック川をさかのぼり、三月二十五日ワシントンに着いた。四月三日条約書の批准を行い、無事に目的を果たした。五月十三日米船ナイアガラ号にてニューヨーク発大西洋を横断し、喜望峰をまわり、印度、ジャワ、バタビア、香港を経て九月二十七日無事品川に到着した。このポーハタン号には小城出身の宮崎元立と綾部新五郎が佐賀藩の川崎道民、本島喜八郎、島内栄之助、小出千之助とともに乗り込んでいた。

元立は江戸から帰藩後、蕃所調所教授を仰せつけられた。続いて文久三年（一八六三）一月には洋書調所出役を仰せ付けられた。

洋書調所という役所は、それより凡そ五十年前文化八年（一八一一）幕府天文方に蕃所和解御掛として設置され、蘭書翻訳を命ぜられたものである。はじめは和蘭の百科辞典などの翻訳をしていたが、嘉永末期ごろから外交文書が多くなるにつれ、安政二年（一八五五）からは発展して洋学所となり、同三年二月には蕃所調所と改称された。このような経過からみてもわかる通り、洋書調所というのは、幕府の洋書翻訳を事業として出発したものであるが、当時としては最も権威ある洋学教育機関へと発展していた。頭取は佐賀藩出身の古賀謹一郎であった。これは明治政府に引き継がれ、「東京大学」となる。しかし元立は元治元年（一八六四）四月には「宮崎元立江戸詰御断」となっている。病気のためらしいが、その後、元立の名は隠れ、史料上には出てこない。佐賀藩にとっても残念なことであった。

綾部新五郎

綾部新五郎は、西小路綾部四郎太夫の子で、安政四年（一八五七）五月に御側役を命ぜられている。万延元年（一八六〇）には、遣米使節の村垣副使の従臣に選ばれた。同年十二月には江戸から小城に帰り、文久二年（一八六二）十一月に国武社（岡山神社）御祭掛となった。慶応元年（一八六五）五月、長崎遊学英学稽古を命ぜられた。新五郎はそのころから始まった佐賀藩の英学研究グループに、久保田の本野周蔵、武雄の山口繁蔵とともに参加したものと思われる。明治維新となり新五郎は佐賀郡長を勤めたとの記録がある。しかし宮崎元立と共に遣米使節に随身したほどの人材でありながら、十分な活躍の場を持てなかったのは残念である。

補　遺

楢林宗建

二百年という永い鎖国時代に海外に向かって開かれた小さい一つの窓。出島という狭い扉をそっとあけ、日本の若い医師や学究たちは海外の新しい学問や文化をむさぼり摂取した。その吸引管の役目をしたのがオランダ通詞である。江戸初期から続いたオランダ通詞の名門は楢林家と吉雄家である。

楢林宗建は出島出入医師楢林栄哲（峡山）を父に、唐通詞何吉郎右衛門の長女イセを母に享和二年（一八〇二）二月大村町に生まれた。元禄のころ楢林栄久（鎮山）が名著「紅毛外科宗伝」を編んでから外科医の家として有名となり、初代栄哲（崌山）が早逝して、二代栄哲が養子となり、寛政三年（一七九一）佐賀藩主鍋島治茂の招きで家臣の待遇を受けた。宗建の父栄哲（三代）も養子で、父隠居後佐賀藩御番方療治掛りとなった。長崎防備掛り佐賀藩士のための医師である。享和元年（一八〇一）長崎居住のまま切米三十石を賜った。

宗建は二歳上の兄栄建（静山）とともに幼年時代から、オランダ語を学んだ。成人前すでに人に教える実力を備えたという。そこへ来朝したシーボルトと結ばれ、彼の蘭学と医学が充実した。宗建二十二歳の時文政六年（一八二三）蘭館医シーボルトが渡来してまもなく吉雄家と楢林家に来て市民を診療するようになったので、宗建は自宅でシーボルトの医学とオランダ語に師事することが出来たのである。文政十年（一八二七）三月父栄哲が隠居したので宗建は第九代藩主斉直の侍医となり、続いて文政十二年（一八二九）佐賀藩御番方療治掛りとなった。翌年斉直隠居のため斉正（直正）が藩主となって、しばしば長崎に出張し、熱心に海外事情を聴取したので、宗建とも接するようになった。そして宗建は弘化元年（一八四四）出島商館在留オランダ人治療掛りとなり、間もなく藩主直正から内密御用を命ぜられ、御側医となった。

佐賀種痘成功

シーボルトは文政六年（一八二三）渡来直後と、三年後に新しい牛痘法による種痘を試みたが、二回とも痘苗腐敗のため失敗した。彼はこのように牛痘法を日本に伝えようとの熱意を持ちながら、文政十二年（一八二九）十二月八日淋しく長崎を去った。牛痘法普及の熱意を受け継いだ宗建は、直正の依頼もあったので、商館医モーニッケに牛痘苗を注文した。

嘉永二年（一八四九）七月注文の痘痂（とうか）（かさぶた）が到着したので、宗建の三男建三郎と通詞加福喜十郎、志筑清太郎の幼児、計三名に種痘した。そして建三郎だけ善感した。その報告を聞いて直正は大喜びで、侍医大石良英を長崎に派遣し、宗建と建三郎を佐賀藩へ呼んだ。宗建は佐賀藩医牧春堂、島田南領、大石良英らの子三名に種痘し、さらに直正の世子淳一郎君にも種痘し、見事善感した。これが有名な佐賀城内での種痘である。以後佐賀藩は牛痘法を公的に法制化して藩内くまなく広めた。
さらに佐賀藩種痘は大阪、京都、福井、江戸から全国に拡がっていく。これが日本最初の公衆衛生事業の成功である。その根源をなした痘苗輸入こそは、宗建の輝かしい業績といえよう。明治三十一年その功に依り正五位を贈られた。宗建の著書には「遠西火薬必要」「瘍医方函」「外科瑣言」「モーニッケ対談録」「本草薬名解」「楢林煉膏書」「得生軒方函」など多くがある。

夕空に　片あかりせり　初桜
田中冬二

蘭学から英学へ

嘉永六年（一八五三）六月米国東印度艦隊ペリーの浦賀来航後、オランダ語では通用しない米・英国とも折衝することとなり、そして安政元年（一八五四）日米和親条約、安政五年（一八五八）日米通商条約が締結された。その様な状況の中で、幕府は英学の必要性を痛感し、長崎奉行所内に「英語伝習所」を設立した。蘭通詞楢林栄左衛門、西吉十郎が頭取となり、教師としてはオランダ将校ウイッヘル、出島商館員デ・ホオーゲル、英領事館員フレッチェルが委嘱された。この英語伝習所は文久二年（一八六二）には「英語所」、同三年（一八六三）には「洋学所」、慶応元年（一八六五）には「済美館」と改称され、幕府の崩壊まで続いた。この済美館は各藩の希望者に開放され、科目も英語だけでなく、歴史、地理、数学、物理など幅広い範囲であった。だから現在のように官学万能なら、一年おくれて建てられた佐賀藩致遠館などよりかは隆盛なはずであったが、事実はむしろ逆であった。

遣米使節

日本最初の遣米使節は正使新見豊前守以下属官従臣を加えて総数七十七人、米艦ポーハタン号に乗り込み、万延元年（一八六〇）一月二十一日浦賀を出発した。この従臣という者の中には、この艦に便乗して、直接外国の実情を見聞させたいとの要求をもつ開明的藩主から、ひそかに依頼され、使節の従者の名目で非公式に乗り込んだ者もいた。そのような藩は十余に及ぶが、どの藩も一名か二名の便乗であった。ただ佐賀藩だけは実に七名を送り込んでいた。

この時の随員の中の一人が小出千之助であった。

小出は安政の初めに、弘道館の秀才の中から抜てきされて蘭学寮に移った才人であった。彼はやがてその年の秋帰藩して直正に次のように報告している。

「英米は世界における東西の大国であって、共にアングロサクソン民族で同一の語を話す。もはや印度も英国の手に入ったという始末、その勢力は世界的に広がっているから、世界は将来遂に英語になるだろう」と。また「直正公伝」には使節に随行した藩士たちの帰着前後の動静を詳しく述べているが、その中から引用してみる。

「一行は　尽（ことごとく）　蘭学者のみにて、英語を話し得るは通弁中浜万次郎のみなりしかば、不自由甚しく、因て塔乗の米国甲比丹に英語を習う等、英語の西洋知識の開鍵なるを切実に了知したりけり」とある。

英学研究の狼火

このように佐賀藩でも蘭学から英学への機運が急速に高まってきた。小出千之助は帰藩後は蘭学寮の指南役にもどったが、同じく指南役の大隈八太郎（のち、重信）に英語の必要を納得させた。

大隈は早速行動を起こした。すなわち蘭学寮にて英学研究を始めるに当たって、教職の大庭雪斎は老年に達しており、蘭学を英学にかえるのは困難だから、近従千住大之助、増田忠八郎らに勧誘し、英蘭対訳字書などを購入して、蘭学寮において英学研究の道を開いた。ここに佐賀藩の英学研究の狼火（のろし）があがった。次にその後の動きを略記する。

文久元年（一八六一）二月十一日御年寄丹羽久左衛門より秀島藤之助、中牟田倉之助、石丸虎五郎の三人を呼び出し、英学稽古を命じた。三人は長崎に出て、通詞三島末太郎について英学を学ぶことになった。

文久二年（一八六二）五月十二日馬渡八郎、金丸知三郎英学稽古のため長崎行きを命ぜられた。

慶応二年（一八六六）五月三日村田若狭家来本野周蔵が英学稽古のため長崎行きを命ぜられた。

慶応三年（一八六七）八月佐賀藩の英学研究の規模を拡大し学校組織とし英学校と称し、教師にフルベッキを採用、久保田の本野周蔵、武雄の山口繁蔵、小城の綾部新五郎ら三人が学んだ。

同年十二月英学校のことを「蕃学稽古所」と称せられた。この蕃学稽古所が、今日では一般に致遠館とよばれている。それは岩松要輔氏の研究によれば、明治元年八月二十五日付の「長崎蕃学所の儀、致遠館と被相義候事」という達しによって蕃学所が致遠館と改称されたことになる。

致遠館

英語学習の拠点

このように遣米使節に参加した小出の見聞と復命に基づいて佐賀藩の英学研究が始まり、一方、長崎での英国武器購入と兵制伝習の必要からも英語学習の熱が急速にあがり、その拠点が致遠館であった。

『致遠』の語は、中国古代の諸書にあり、『蜀志』諸葛亮伝に『誡子書曰、非澹泊無以明志、非寧静無以致遠』とあるのは遠きをきわめ、あるいは遠大な任務に耐えるとの意味である。『後漢書』班固伝下に『上司継五鳳甘露致遠人之会』とあるのは、遠方の民を招き来たらしめる意味という。

校長にはオランダ生まれの宣教師で、学徳の人として知られたフルベッキをいただき、人望才腕ともにある副島二郎（種臣）を学監とし、実際経営の手腕を振るったのは大隈八太郎（重信）であった。彼は早稲田大学開校前二十年、この致遠館によって学校設立の経験を持っていたわけである。早稲田大学百年史には『早稲田学苑発起の源流ともなるべきは致遠館の設立である。…フルベッキがなかったら、早稲田大学なく、建っても大きく形式、精神の異ったものとなったであろう』とある。

教師にはアメリカ帰りの小出千之助を筆頭に、石丸虎五郎、馬渡八郎、大隈八太郎があたった。

あとでは中島永元、中野健明、堤嘉六、副島要作、中山信彬などが教師の補充を務めた。

この時、涙ぐましい努力をしたのは副島二郎であった。三十四歳。晩学。剛気の彼は記憶力の減退をものともせず、不屈の闘志をもって英語と取り組んだ。鍋島直正公伝には『副島は和漢学の綱要を説いて之を授け、側ら自分も英語を習いて刻苦夜半に至りき』とある。このようにして副島二郎は、学生に和漢学を教えるかたわら、新しく英学勉強を始めたのであるが、やがてその進歩も著しく、ついに大隈と肩をならべ、フルベッキから特別教授を受けるまでになった。

フルベッキの魅力

致遠館の魅力は何といっても校長フルベッキの学徳であった。彼は工学専門家で、土木、建築、機械の経験が深く、当時の日本で最も切実に求められている知識であり、しかも彼は英、蘭、独、仏、中国語に通じていたので蘭学から英学への転換期には一番相応しい人物であった。彼は生徒たちの質問に応じて気安く、世界情勢、科学、機械から兵事まで自由に答えてくれた。

魅力の第二は大隈の講義というよりは、大隈の指導による自由討論であった。大隈は生徒たちに時事を談じさせ、新しい政治上の知識を吹きこんだ。学生たちは耳を傾け、血をわかす。時事問題をテーマにした討論会は致遠館の一大特色に数えられたという。こうして最初三十人ばかりで始まった致遠館は、最盛期には百人を超えた。

これに対し少し早く（文久三年・一八六三）設立された幕府の語学校済美館は奉行所の目が光っ

ているから政道を批判するような言論は憚らねばならない。この学校は教師が十人以上もおり、フランス語もドイツ語も教えた。間口が広く雑然として、しかも形式通りの講義であった。

このように致遠館は官学に見られない妙味をもち、自由奔放の気がみなぎり、異色の人材を集めた。グリフィス博士の『日本のフルベッキ』なる伝記に次の一節がある。

『一つの学校が佐賀藩によってたてられ、すぐに繁栄して、生徒は百人を超えるようになった。一八六六年には横井小楠の二甥の伊勢と沢川の二人がこの学校からアメリカに向って留学した。サムライ学生はただ佐賀や九州からばかりでなく、日本全国から長崎にやってきた。その中には岩倉具視の二子具綱、具定がいた』

致遠館就学の人材として次のような各氏がある。タカジアスターゼ、アドレナリンの発明家として有名な高峰譲吉博士は広い視野と豊かな着眼によって知られる国際人である。型破りの官僚として、一時は飛ぶ鳥を落とすほどの盛名を博した前田正名は薩摩生まれである。近代日本医療制度の創始者相良知安、読売新聞創刊者本野盛亨はいずれも佐賀人である。

官学済美館からこれといって歴史に残る人物がないのに比べ、致遠館の教育効果は相当に評価が高かった。

致遠館の逸材

本野盛亨

天保五年（一八三四）、本野盛亨は久保田町徳万に生まれた。生家の旧姓は香田。のちに領主の命により本野家をついだ。幼いころから勉強好きで、行燈のシンを三筋立てて読書をしたので母からしかられたことが何度もあったという。それほど家は貧しかった。彼は子ども心にも香田家を興したいと決意し、一心に勉強を続けた。父はふびんに思い、嘉永元年（一八四八）十三歳のとき八幡小路の武富圯南の塾に通わせた。嘉永四年（一八五一）には有田郷皿山の谷口藍田の塾で三年半修業。こうして漢学者盛亨の基礎ができたようである。

安政元年（一八五四）十九歳のとき佐賀を出て、大阪の広瀬旭荘のもとで詩文を学び、次いで岸和田藩の儒者相馬一郎の門に入った。

安政元年（一八五四）、蘭学が盛んになるにつれ、嘉永四年（一八五一）に設置されていた佐賀藩蘭学寮は火術方に移転された。その理由について『直正公伝』には『蘭学は主として火術研究に必要なる知識を広むる学なれば銃砲術専修者の中より該学寮に寄宿留学すべきを命ずべきを以て、場所隔離しては自然に修学も行き届かぬべしとて、該寮を中折の調練場もしくは火術方に引き直して新築するに決し』と述べている。

盛亭も安政四年（一八五七）二十二歳のとき大阪に出て緒方洪庵の適塾に入り、蘭学を修めることになった。そのころ領主村田若狭から支給された年間十二両ではどうしても足りず、洪庵の筆耕などをしていた。

時流に敏感

しかし時の流れは激しく、万延元年（一八六〇）には小出千之助たち遣米使節団随行者が帰国し、これからは英語でなければならぬと報告、翌文久元年（一八六一）には秀島、中牟田、石丸らに英学稽古の命令が出されて、蘭学の時代から、英学の時代に変わりつつあった。時流に敏感な盛亭は、万延元年には前年からキリスト教伝導のため長崎に来ていたフルベッキに会い、その後も緊密に接していた。そして文久元年から長崎の三島末太郎について正式に英学を勉強した。続いて致遠館に入り、フルベッキ、大隈、副島、小出らに師事し、次第に大成していく。こうして久保田藩を代表する若い語学者本野盛亭ができていった。

読売新聞社

維新後は神奈川県御用掛、外務省一等書記官として英国駐在。横浜税関長、大蔵大書記官、検事などを歴任。明治十七年に官界を退き、読売新聞社を設立、のちに社長となった。学は和漢蘭英に通暁し、国際的に広い視野を持つ新聞人として侃々諤々の論陣を張り、読売新聞の基礎を築いた。

明治四十二年十二月没。七十四歳。その子一郎は外務大臣になった。

小出千之助

佐賀随一の西洋通

佐賀藩随一の英学者。名は光彰。佐賀藩士で剣道二刀実手流指南小出千左衛門光観の五男で天保三年（一八三二）生まれ。初め弘道館に学び、二十二歳の時安政元年（一八五四）選抜されて蘭学寮に移った。ペリー来航の翌年で国内動乱の第一年であった。その時佐賀藩の事情を直正公伝には『時代既に此の如く変りたれば益々蘭学を興して西洋の知識を吸収する必要を感ずに至り、乃ち先ず学校（弘道館）の内生寮書生中に最も学才優りて将来有望なる者の資格を酌量し、その半数を修めしむることとなし、大木民平、実松育一郎、竹野作之進、長森伝次郎等はこれを学校に留め、小出千之助、石丸虎五郎、江藤新平等は、無息及手明鑓なれば、強いて蘭学を修むべく奨励して蘭学寮に入らしむ。士に蘭学を命ずるは是より始まる』と述べている。

それまでは藩士に蘭学を奨励していたのがこの時から命令となっている。そのころには佐賀蘭学の性格も次第に変わってきた。すなわち医者の蘭学から火術の蘭学へと移っていた。この年、蘭学寮は火術方に移り、頭取の名称を教導と改め、教職として大庭雪斎、大石良英、渋谷良次、永松玄洋、宮田魯斎、坂本徳之助、深川玄哲の七人があたることになり、かつてない充実した陣容であり、出身者は長崎に出て蘭人について海軍伝習をなすことになった。

万延元年（一八六〇）日米修好通商条約を批准交換するため、我が国最初の使節団が派遣されたとき正使外国奉行新見豊前守正興の随員として小出千之助が選ばれた。佐賀藩最初の洋行者である。使節一行は帰途大西洋を航し、ヨーロッパに回り、欧米を視察し、さらにインド洋を経て香港、上海にアヘン戦争後の清国の実情を見て略世界を一周して帰国した。

随行の小出は木綿織物、ナプキン、卓子掛け、西洋ろうそく、マッチなどの日用品や専門の化学機械、薬品、鉱物の見本類、棒砂糖、英語書籍などを買ってきた。佐賀藩ではマッチなど初めて見たらしく、大隈はじめほとんどの人がこれら舶来品が清新な刺激となり珍重がられたことが大隈の『早稲田清話』に残されている。

また小出の報告により、佐賀藩首脳部も英語学習の必要を認め、文久三年（一八六三）藩命により、秀島藤之助、中牟田倉之助らとともに英語学習のため長崎に留学した。さらに慶応三年（一八六七）長崎に藩の英語学校致遠館が設置されると同時に教導役となった。

パリ万博で活躍

慶応三年にはフランスからパリ万国博覧会に参加するよう招待が来た。

野心家ナポレオン三世がメキシコの戦争に失敗し、プロシアの台頭に国民の不平非難が騒がしいおりから、祭り好きなフランス人に派手な国際的ショーを展開して人気回復をはかるためであった。さらに日本では駐日公使ロッシュが日仏親善増進をはかり、華やかなフランス文化と強盛な経済力を日本の指導者たちに誇示しようとしたのである。

これは幕府にとって初めてのことである。博覧会についての知識はほとんどなかった。通知を受けた諸藩はどうすることも出来なかった。結局、佐賀藩と薩摩藩だけが参加し、出品することになった。

佐賀藩では明敏藩主直正はすぐ参加することとし、使節の人選を『英学に通じ、学問文才ある俊秀を選んで、フランスの政治風俗を視察せしめる』方針にて、佐野栄寿左衛門を正使とし、小出千之助、野中元右衛門、深川長右衛門が選ばれた。

文久の初頭、佐賀藩ではオランダに注文した軍艦の飛雲と電流の二隻が到着し、注文中の軍艦の竣工も近いので、その代金支払いに多額の費用を要するところから、泥なわ式ながら鉱脈を発掘して、これにあてようとした。小出はその主任として各地を飛びまわり、繁忙を極め、大隈に助力を求めた。大隈は小出に接して西洋の新知識を得ようと喜んで承知した。こうして二人は各地の山を探査してまわり、神埼の鳥羽院で銅、天山で鉄、今山に黄金脈を発見した。その他にも銀や水銀が発見された。

このように小出は蘭学寮、遣米使節随員、致遠館、パリ万国博使節など佐賀洋学の第一線を歩いた語学者であり、かつ、科学、政治、産業などの造けいが深かった。佐賀藩随一の西洋通で、時代の新鋭として直正の信頼が厚かった。母の危篤見舞のため、長崎から騎馬にムチ打って帰佐の途中、多良岳山中で落馬、明治元年（一八六八）九月五日英才を抱きながら三十七歳を一期として死去した。

相良知安

近代医学を推進

東洋医学の伝統を受け継いできた日本医学は、解体新書発行を機として蘭学の普及は急激な勢いになり近代医学へと発展していった。明治新政府によって断行されたドイツ医学採用は、日本医学における文化大革命といってよい。その推進者が相良知安であった。

相良家は、知安より七世の祖を長安といって、長崎で紅毛流外科を学び、代々鍋島藩医に召し抱えられていた由緒ある家柄であった。長安の子を伊安といい、その六世の孫が知安である。

知安は天保七年（一八三六）二月十六日、佐賀城下八戸町に柳庵長美の第三子として生まれた。

七歳の時、弘道館蒙養舎に入学、十八歳の時、藩の蘭学校に進んだ。二十二歳。安政五年藩医学校に進むころには天稟(りん)の才光り、たちまち生徒会長となり、教官補を務めるようになった。この安政五年という年はわが国蘭学史上画期的な年であった。江戸では五月、伊東玄朴らの努力によって、「お玉ヶ池種痘所」が出来、七月、将軍家定危篤となり、非常手段として蘭方医学禁止令を解き、伊東玄朴を奥医師に任じ将軍の治療を命じた。続いて十一月には玄朴は法印に叙せられた。同年、佐賀では医学校を水ヶ江に移し、直正直筆の「好生館」の額を掲げた。この年幕府は長崎奉行所内に英語伝習所を設立した。

知安は文久元年二十五歳の時、江戸遊学を命ぜられ、佐倉の佐藤舜海の門に入った。そのころから彼は学力、弁才によって頭角をあらわした。

文久三年二十七歳。長崎遊学を命ぜられ、蘭医ボードインについて学び、諸国から集まった俊才たちの中でも断然異彩を放った。やがて館長戸塚文海が長崎を去り、その後任として知安が館長となった。ボードインは知安の才を惜しみ、幾度もオランダ留学を勧めた。知安はこれを辞して三十歳の時佐賀に帰り、直正侍医となり、医学校教師もつとめた。その間、長崎でフルベッキの学徳に接し人格的にも強い影響を受けた。

慶応四年正月末、直正に従い上京した。知安にとって幕府の崩壊は、正しく感慨にたえない思いであった。だが一方で若い知安の胸は新しい時代に向かっての夢で大きくふくらんでいた。

医学校創設に尽力

明けて明治二年(一八六九)正月も半ばすぎ驚くべき辞令書が新政府から肥前屋敷の佐賀藩に下った。

『旧佐賀藩士相良知安、明治二年正月二十三日、御雇を以て医学校取調御用掛り被仰付候事行政官』つまり新政府下の医学校創設につき尽力せよというものであった。田舎藩の一介の藩医にとっては、思いもかけない抜てきであった。知安はその知遇に感激した。五月には徴士となり、大学権判事を仰せ付けられた。こうして医学校創設委員としての地位と資格とが確立して、長崎以来の念願のドイツ医学輸入にとりかかったが、その前に冷たい大きな鉄のような壁があった。それは当時飛ぶ鳥も落とす威勢の英国公使パークスと公使館付医官ウィリスであった。

ウィリスは二十五歳の時来日し、文久二年(一八六二)の生麦村事件、同三年の薩英戦争の時も外科医として手腕を発揮した。慶応四年一月鳥羽伏見戦では多数の死傷者が出たが、各藩の外科医たちは消毒の知識に乏しく化膿する者が続出し、死亡する者まであった。パークスはその間を機敏に動きまわり、薩長軍有利と見て西郷らと会見して外科医ウィリスを応援させようかと申し出た。薩軍側では渡りに船と喜び、その時、神戸沖の軍艦にいたウィリスが招かれて傷病者の治療にあたった。こうして彼は薩摩藩の軍陣病院で治療にあたり、彼の手術によって多くの傷兵が回復に向かった。四月十七日官軍は横浜に軍陣病院を開きウィリスを主任とした。ウィリスは官軍の依頼によって八月十五日横浜を発し、東北戦争に従軍し、越後高田、柏崎、新発田、会津と回り重傷者の治療にあたり、敵味方の区別なく懇切な治療をなした。この時、彼は過酸化マンガン水や鉄のスプリントを使用するなど外科の新機軸を発揮し、英国医学の優秀さを示し、各方面の感謝をあび東京に帰り、大病院に迎えられたのが明治二年一月二十日であった。

非凡な予見性

運命のいたずらか歴史の偶然か、相良知安と越前藩医岩佐純が新政府から正式に医学取調御用掛に任ぜられたのが、三日後の明治二年一月二十三日であった。

その時点でのウィリスの身分は大病院勤務であったが、鳥羽伏見戦以来彼に救われた人は多く、彼らはそろってウィリスの手腕に感謝し、イギリス医学の熱心な信奉者であった。そして政府高官、特に西郷隆盛や知学事山内容堂とはじっ懇の間柄であり、将来日本医師の総帥となる口約束もあったらしい。ウィリスの医学界に占める地位は、必然的に英国医学採用につながるものであった。

このようにして日本医学は、オランダ医学からイギリス医学へと激しく流れていた。ただ知安と純、とくに知安はドイツ医学こそ世界最高水準であり、新日本のとるべき道であると信じ、政府要人の間を説得してまわった。知安の主張にはもちろん根拠がある。

それまで日本の蘭方医たちが学んだオランダ医書の大半はドイツ医書の翻訳であった。だから今までオランダを通じて学んだ医学を直接本家のドイツから学びたいという意欲が出るのは当然であった。そして出島を経て日本医学に影響を与えた著明な蘭館医たちの中にはシーボルトはじめドイツ人が多数いた。また語学の点からもドイツ語との共通性がかなりあり、蘭方医たちには、本質的にドイツ医学への親近感があった。

当時ドイツはビスマルクを中心に国威勃興時代であり、それと日本の新興国としての類似点、さらに国民性の共通点などから若いドイツには日本の高官たちの心をひくものがあった。さらに知安はイギリスという国にある種の警戒心を持っていた。フェートン号事件以来『イギリス恐るべし』という意識が佐賀人の根底にあった。こうした予見性において、知安は非凡な鋭さを持っていた。

大勢不利のなかで知安は強引に巻き返し作戦に出た。

ドイツ医学採用に奔走

まず、かつて致遠館校長であり、知安の恩師であり、当時大学南校教頭をつとめ、要人たちの信望も厚いフルベッキの意見を聴くことにした。フルベッキは即座に『ドイツは医学はもちろん、科学の全分野で最も進んだ国であり、数学にはガウス、化学にリービッヒ、衛生学にペッテンコーへル、生理学にミュラー、病理学にウイルヒョウなど世界的学者ばかりいる。これからの日本医学はドイツを範とすべきである』と証言した。これに力を得た知安は、さらに医学監石黒忠悳の賛成を得て、直接文教の責任者山内容堂に訴えた。だが山内は、政府ではすでに英医学採用を決定したも同然であるとして、知安の主張などがんとして聞き入れない。それに知安の旧藩主に対する儀礼も遠慮もない荒々しい口調と、激しい態度とが容堂の高慢な感情を著しく害した。

だがしかし知安の激しい主張を理解する者も現れた。佐賀出身の参議大隈重信、副島種臣などフルベッキに親しい政府要人たちも同調するようになった。その根底には強圧的で傲漫そのもののようなパークスに対する反感もあったようだ。

ついには廟(びょう)議の席に知安を招き、その論拠をきくことになった。三条太政大臣はじめ、岩倉、木戸そのほか顕官列席の面前にて激論の末、ドイツ医学採用が決定された。

このとき知安が山内容堂に対し、舌鋒鋭く反論したとき、鍋島侯が『知安さがれっ』と一喝(かつ)したという。この時の鍋島侯の発言の真意は旧藩主であり、現政府の要職にある容堂に対する粗暴激越な態度が将来悪影響を及ぼしはせぬかとの配慮からともいわれている。

また明治二年七月官制改革にて大学校を設け、最高に大学別当をおくことになった。だからそれまで知学事の山内が別当になるものと期待していたのが外れたので、土佐閥は非常な不満を持ち、これは知安の陰謀によるものとして、深くにらまれることになった。

知安はついに明治三年九月部下の不正事件に関係ありとのことにて、突然弾正台に捕えられ獄に投ぜられた。そして彼が夢にまでみた大学東校の整備がなり、念願のドイツ人教師の着任も知らずに放置され、明治四年十一月ようやく釈放された。

明治四年八月二十五日、ドイツ人軍医ミュルレルとホフマンの初登庁式が盛大に行われ、わが国で初めての難しくて厳しい講義が始まった。今から百五年前である。

知安は釈放後、明治五年に文部省に復帰、第一大学区医学校長、続いて六年には医務局長兼築造局長を仰せ付けられた。知安はこのとき新しい医制として、『医制略則八十五ヵ条』を起案した。その後この医制は後任の医務局長長与専斎によって、ほとんど原案のまま、七年八月十八日に公布された。その後、知安の身辺にも次第に周囲の圧迫が加わり七年九月三十日、免職された。

医務局長更迭の表面上の理由は、従来の幼稚な医学教育を廃し、ドイツ式教育を採用し、医制を確立するという衛生行政上の重大時機だから、欧米視察の経験豊かな長与を起用したということであった。

しかし粗暴過激と誤解されやすい知安の言動が、文部主脳者として好ましからぬ人物とされたのが真因だろう。

明治二年一月、新政府のお召しを受け、医学校取調御用掛を命ぜられてから五年八ヵ月、その間、弾正台の理不尽な拘留一年二ヵ月があり、全盛期わずかに四年半。知安の七十年の生涯のうちあまりにもはかなく短い春であった。まことに彼は一瞬の輝きの後、忽ち消え去る彗星のような存在であった。

その後、十八年七月、文部省御用掛として編集局勤務を命ぜられたが、半年たらずで同年十二月、一切の官から退いてしまった。

悲惨な晩年

知安は若いころ下総国佐倉や長崎で俊才をうたわれ、文部省出仕の後も稀代の才と旺盛な実行力を持ちながら、世に入れられず、悲惨な晩年を辿ることになった。そして芝区神明町の貧民街にかくれ、豊かな知識も技術さえも捨て、売卜（ぼく）者となり僅かに生活の糧を得た。

その後、彼の寓居を訪れ、この落魄（はく）の先覚者を慰める者もなく、職を斡旋しようとする者もほとんどなかった。

明治三十九年六月十日、知安はインフルエンザのためひっそりと七十年の生涯を閉じた。

しかし知安は死んでも、彼の執念はドイツ医学のなかに生き続けている。しかもその輝きは今でも残っている。例えば明治二十三年（知安五十四歳）、北里柴三郎がコッホ教室で血清療法を完成し、続いて二十七年にはペスト菌を発見している。明治三十年（知安六十一歳）には志賀潔がコッホに学び赤痢菌を発見し、泰佐八郎はエールリッヒのもとで、サルバルサンを創製しようとしていた。

このように彼の在世中に、日本人医学者はドイツで世界的業績をあげている。知安は自分の夢が次々に実りつつあることを聞いて一人陋屋（ろうおく）で快心の笑みをもらしたことであろう。

それにしても知安は、あれだけの才能と識見と医者としての手腕を持ちながら、官を捨て、富も捨て、権威も捨て、さらに医学さえも捨てて裏長屋に隠れ住んだのは、なぜであろうか。

なぞの人物といわれる知安の性格を考えてみたい。田中潮洲は直情径行、豪邁闊達（ごうまいかったつ）と述べている。富士川博士は『周到任侠の人物でいったん自分が正しいと信じたことは、どこまでもこれを貫徹せねばやまぬという気性の人』と述べている。入沢博士は『偏侠傲倨（ごうきょ）の性質であって、ただに多くの人と合わないのみならず、好んで敵をつくる傾向があった』と記している。さらに東大校庭にある相良知安先生記念碑には『人となり剛毅果敢甚だ才幹あり、而も狷介孤峭、極めて自信に篤し、是を以て世と相容れず、轗軻（かんか）その身を終わる』とある。

知安はカミソリのような頭悩と、すさまじい実行力を持った稀代の医政家であった。一面、あまりにも激情家であり、時には粗暴で戦闘的でさえあった。しかも彼は非妥協的で調和や中庸ということを知らないかのようであった。こんな性格が彼の長所であり、短所でもあった。このため多くの上席者や同僚から誤解され、部下から敬遠されることになった。

こう見れば知安はしょせん乱世創業期の人であり、平和守成の人ではないかも知れない。

しかしこのような長所や短所は多くの佐賀人に見られるところでもある。

凄絶な生き方

中国では名利にあけくれる小人たちの醜悪な権力闘争が繰り返される乱世に絶望して、政治の舞台からのがれて隠棲する賢人たちがあった。周の伯夷叔斉、漢の周党、向長、孔融、魏の阮籍、嵇康などはその例である。彼らは清廉高潔の士で、金銭や地位のために狂奔する俗世を捨てて野に下り、天寿を全うしたものである。

これは知安の生き方にも何か通じるものがある。彼は明治維新の権力闘争の渦のなかで、薩長主流の波の間を巧みに泳ぎきるには、あまりに激しく強い個性の人であった。そのため次第に遠ざけられ、意見は入れられず、圧迫が次第に加わってくるのであった。そしてわが国医療制度も自分の手で原案がほぼ成り、ドイツ医師招聘も決定したので、わが事終われりと悟り、明治七年九月三十日野に下った。芝区神明町の貧民街に隠れてしまったのは、東洋的諦観と見るべきだろう。このように見るとその後半生は敗残者としてではなく、むしろ凄絶なまでの生き方に徹した人ではないかとも思う。

知安韜晦ののちは、彼の寓居を訪れる人はほとんどなかったが、唯一人石黒はときどき訪れ、土産物などをそっと置いて帰ったという。それは金品など正面から差し出せば、『金なんかいらぬ』と頑として拒絶したからである。極貧のなかでも知安の反骨は刃物のように鋭く光っていた。しかし石黒は旧友の功績に報いる方法はないものかと機会を待っていた。彼の熱心な奔走が二十五年後にようやく成功した。

叙勲を喜ぶ

明治三十三年三月十四日、叙勲五等・雙光旭日章の御沙汰があった。この恩命に浴して知安はありがた涙にむせんだ。

『拙者は礼服を持たぬので、石黒君が代理して拝受してきてくれた。それから石黒君と馬車で二、三方面に回礼したが三十年ぶりで初めてお正月気分がした』と語っている。長い逆境のなかでも、官を恨まず、人を恨まず、めぐり来た幸運をすなおに喜ぶあたり、知安もまたただの偏屈人ではなかった。知安研究の資料として次のような詩がある。玩味していただきたい。

守歳

二十三年容易過　中興隆運身深罪　一宵過去非皆旧　家人奔走徒恭倹
国家経済議員多　献替無功恩濫波　発暁啓明従此新　朋友慇懃為鬱紆
昼詢妻子焉聞吉　在家窮鬼患長貧　攀柳覔梅殊慶事　天畔寒光小星砕
夜察天文維謂何　天道何災不択人　旦当椒酒伴盤辛　几前偶巫一燈孤
鏡面霜華看鬢髪　魯国追儺貴朝服　歴試艱難肝乍裂　汝南鶏唱東方曙
江頭春色向梅柯　荊郷爆竹喜迎春　遭逢歳節計今無　摺日青春満帝都

この詩によって、長い間なぞとされていた知安の人間像は、やや解明されるようだ。多くの評者は知安という人は、死ぬまでつむじ曲がり的な『すねた人間』だとのイメージを持っていたが、守歳にある『天道何災不択人』の句を見れば、やはり彼は引退後は東洋的諦観におちついた人であり、この詩は大みそかにあたって、すなおに貧乏をなげいた句と解される。

それにしても知安はあれだけの才腕があり、あれだけの偉業をなしとげながら、稀代の医政家の末路としては後半生はあまりにも悲惨にみえる。

それは佐賀人の血がなせるものか。あまりにも激しい性格が災いしたものか。

しかし、だからこそこの不幸な先覚者への哀惜はつのる。

補遺

佐賀藩で蘭学がはじめられたのは島本良順からである。良順は寛政年間、長崎で蘭学を学び、佐賀藩に帰ってから蘭方医としての看板をかかげ、傍ら蘭学の塾もはじめた。

そのころ享和元年（一八〇一）長崎通詞の名門の蘭医楢林栄哲が藩医に召し抱えられた。それは長崎駐在の佐賀藩士の診療のためである。志を立てて長崎に出た伊東玄朴がシーボルト塾に入ったのが文政六年（一八二三）である。その後江戸に出た玄朴は次第に頭角をあらわし、天保二年（一八三一）藩医に抜てきされ、天保四年には開業の傍ら象先堂塾を開き蘭学者として天下に名を知られるようになった。佐賀藩では気鋭の藩主鍋島直正の英断により、天保五年医学館が八幡小路に建設され良順がその学監となった。だがあまり早すぎたためか一時、廃止され、嘉永四年（一八五一）元医学館の前に新しく医学校が設けられ、大石良英が頭取となった。

また元医学館の隣に蘭学寮が設置され、大庭雪斎が頭取となった。こうして蘭学研究は医学の方面からはじめられた。その後の動きについては年表式に略記する。

嘉永五年（一八五二）精煉方設けらる。

嘉永六年（一八五三）ペリー来航。

安政元年（一八五四）直正は蘭艦スムービング号（観光丸）をつぶさに視察し、佐賀藩海軍創設を決意した。蘭学寮を火術方に移転し、本格的に西洋火砲研究を進めた。

安政元年（一八五四）日米和親条件締結。

列藩に冠たり

安政二年（一八五五）幕府海軍伝習には、佐賀藩から精煉方六人、蘭学寮十五人、その他計四十八人が参加した。この時の伝習生総数百二十九人で幕府直参の士三十七人であり、佐賀藩が最多数で約三分の一であった。それは数だけでなく質もまた燦たるものがあった。勝海舟評にいわく『佐賀は君侯の識見卓越なるため蘭学大いに開けて学者に乏しからず、既に反射炉の設けありて、幕府も大砲を鋳造せしむ、伝習生の進退、船舶の事は佐野首領となりて周旋したるが、その習熟の速かなるは列藩に冠たり』と。

安政五年（一八五八）日米通商条約締結。水ヶ江町に「好生館」創立。幕府英語の必要性を感じ長崎に「英語伝習所」を設立す。

文久元年（一八六一）小出千之助アメリカより帰り、英語時代来ると報告し、蘭学寮の大隈たちに英語を吹聴す。六月海軍取調方秀島、中牟田、石丸等英学稽古のため長崎出張を命ぜらる。

パリ万国博

慶応三年（一八六七）六月フランスナポレオン三世は国威を世界に示すためにパリ博覧会を開く

ことになり、在仏理事柴田日向守を通じて、日本にも参加を求めたから、幕府はその趣を諸藩に内達した。しかし当時は西洋知識ある者が少なく、博覧会とはどんなものかも知らなかったので、これに応ずる藩は佐賀と薩摩だけであった。直正はこれを聞いてすぐ参加することに決し、領内の磁器、白蠟（ろう）、紙、麻などを出品することになった。そこで佐野栄寿左衛門を正使とし、藤山文一はその家来格、語学佐賀随一の小出千之助が翻訳係、野中元右衛門が専門使節、深川長右衛門は腹臣格であった。

パリ行き使節の人選については、西洋通の佐野を長とし、二、三の敏腕なる商人を配し、さらに語学に通じ学問文才のある俊秀を選んで渡航させ、フランスの政治風俗歴史を視察させようと適材を物色した結果、蘭学寮、致遠館教導の小出千之助が選ばれたわけである。

この博覧会には幕府から慶喜の弟徳川昭武が正使となり、外国奉行向山隼人正、同組頭田辺太一、山高石見守、渋沢栄一、医者としては高松凌雲など一行二十八人であった。

佐賀藩から出品した紙と有田焼は美の感覚の繊細なパリ人を驚かしたらしい。

それにしても万延遣米使節渡航の時の随員も佐賀から七人という多数の秀才を加え、安政二年の長崎海軍伝習の時も四十八人の各界偉才を送り、今またパリ万国博にも薩摩とともに率先参加し面目をほどこしたのである。

革命前夜の混乱期に直正に率いられた佐賀藩士が、大きく目を開き、西欧の文化を吸収しようとの知識欲に燃えて決起した意気込みがうかがえて今にうれしく思われる。

むすび

直正の偉大さ

幕末蘭癖といって蘭学を奨励した大名は多いが、佐賀藩の鍋島直正は藩主個人としての蘭癖の域、好事家の域を通り越して、藩政とくにその学制、兵制の施策の一環として蘭学をとりあげ立派に成功したことが特異点として、断然光っている。この点鹿児島の島津斉彬と並んで最も多くの収穫をあげた藩といえる。たとえば反射炉築造は佐賀藩が嘉永三年（一八五〇）、鹿児島藩同五年（一八五二）。長崎海軍伝習には佐賀藩から四十八人、鹿児島藩から十五人が参加し、蘭学校は佐賀藩が嘉永四年（一八五一）、鹿児島藩は文久二年（一八六二）に設置されている。また佐賀藩では精煉方が嘉永五年（一八五二）、鹿児島藩では集成館が安政四年（一八五七）に設けられている。

佐賀藩の蘭学は寛政の末、町医者島本良順が長崎から帰って開業したのが始めである。その後、彼の塾も次第に発展し、伊東玄朴、金武良哲、大庭雪斎、福地道林などの俊才を輩出している。このように初期の蘭学は医学と密着していた。その後嘉永末期ごろから次第に軍事科学的性格が強くなってきた。佐賀藩で蘭学の担い手として、武士階級が登場してきたのは、嘉永五年（一八五二）ごろからである。直正公伝に『公の奨励に応じ侍、手明鑓、嫡子にあらざるもの、もしくは小身の人等は己が出身の途を選まんとて、漸々にこの学に注意するに至りたり』とあるとおり、はじめは武士といっても下級武士が多かった。それは当時の封建制度の桎梏下に門閥、家格にしばられ、立身を阻まれ、経済的にも苦しんだ下層武士にとって、立身手段として手近で有効なものと考えていたからだろう。

安政元年（一八五四）には蘭学寮を火術方に移した。直正公伝に『今は専ら蘭学も火術研究の学問となりて、漸次に就学する者をまし』とある通り、蘭学が隆盛となるにつれ蘭学寮教師も大庭雪斎、大石良英以下七人とし、内容も充実された。安政二年（一八五五）五月には直正が初めて蘭学寮を視察している。中央でも時局の進展に伴い、蕃書和解御用を独立させ洋学所とし、頭取に佐賀藩出身の古賀謹一郎が命ぜられた。

こうして医学の方面からはじめられた蘭学研究は、安政ごろには次第に火術、兵器の方面へと比重を増していく。

文久元年（一八六一）になるとアメリカ帰りの蘭学寮指南役小出千之助の運動によって、英学伝習が始まった。すなわち海軍取調方助役秀島藤之助、中牟田倉之助、石丸虎五郎が英学稽古を命じられた。ここに佐賀英学が始まった。しかしこれは海軍関係の研究のためであった点を注目すべきであろう。これも次第に発展し、慶応三年（一八六七）には英学を中心とした洋学研究の規模を拡大し、学校組織とすることになり、致遠館が設立された。

これで佐賀の蘭学者たちの喜びと苦しみの記録を終わる。享和元年（一八〇一）長崎の楢林栄哲が佐賀藩医に召し抱えられ、そのころ島本良順が佐賀で初めて蘭学塾を開いてから、幕末までおよそ六十七年間はまさにシュトルム、ウント・ドランク激動の時代であった。このあらしの中で篤学の先人たちが苦しみながら学んだ足跡をたどってみた。彼らは蘭書のほかにはだれも師とするものもなく、ただ君命のままに、まっしぐらに西洋学問の暗闇界に躍り入った人たちである。彼らは蘭書によって、西洋諸国の富強を窺（うかが）い知り、そのさん然たる文化に目をみはった。しかしそのため彼らが決して卑屈になることはなかった。彼らはあくまでも日本人であり、佐賀人であった。『こころにもあらで異なる国人の、いさおし学ぶ身こそつらけれ』という心境も窺える。

幸薄い人たち

なかには、志をとげ、一家を成し、名医と称えられた俊傑もある。しかしその道も平らかではなかった。しかも彼らの多くはむくわれることもなく、名も富も得られないまま学問一筋に研究と実験を重ねた人たちである。思えば彼らは幸薄い人たちであったかも知れない。しかし佐賀藩の反射炉も、海軍も、アームストロング砲もこれら無名の学究たちの知識と技術をフルに動員して成し遂げられたものである。そんな名もない研究者の努力があってこそ、名を残した人たちの活躍が今も光るのである。

驚異の反射炉築造

それは今のロケット技術にも相当する最高度の科学技術的意味をもつものであった。従来の日本の大砲は、主として青銅砲であった。鉄の溶解には、これまで「こしき炉」が用いられているが、これは鉄と木炭が直接反応し、炭素分の多い鋳鉄となる。即ちもろい鉄となり、火薬の爆発力に耐え得ない。だから西洋のように、炭素分の少ない鉄（鋼）の砲をつくるには、反射炉が必要となる。反射炉では、焔が壁で反射して鉄を加熱するため、更に高温となり、また強くねばりのある鋼を得ることが出来る。

しかし、この技術は日本ではまだ知られていなかった。しかも外国人技術者の指導も得られず、蘭書に頼るほかなかった。気の遠くなるような遠大な目標に向かって進むのであるから、本島たちの苦心のほどがしのばれる。

佐賀藩よりも十一年早く、伊豆の代官江川英竜（坦庵）が鉄製砲鋳造のため、天保十二年（一八四一）小反射炉を試作しようとしたが失敗であった。

この時江川はヒュギューニンの原書を訳させて、手引書として実験している。佐賀藩では、嘉永三年六月鉄製鋳砲局（主任本島藤太夫）をたて、反射炉築造にのり出した。同じヒュギューニンの訳書（杉谷訳）を基にして、実験をかさねたものであるが、僅かの屈曲、突起の加減が、熱の集中、反射に微妙な影響を与えて、火度の過不足を生ずる。余りの高熱のためレンガが崩れたこともある。また溶化に不同を生じたり、溶解した鉄を鋳込むとき砲身が破裂したこともあった。実に十六回も失敗の挙句、嘉永五年春（一八五二）ようやく目的を達した。即ち同年六月十一日直正三十六封度砲鋳造を見分し、大いに満足し、一同に御酒を賜った。これで今まで日本になかった新しい製鉄技術が生れた。青銅砲時代から鉄製砲時代に入ったのである。やがてこの技術は杉谷の訳本によって薩摩に送られ、嘉永五年末に成功した。

一方伊豆の江川の命を受けた手代八田兵助は、嘉永六年六月十七日佐賀藩の反射炉を見学調査し、また杉谷等五名が韮山の工事を応援、助言し、天城山の土を用い、安政五年完成し、熔鉄を行った。幕府直営による大反射炉である。

水戸でも安政二年反射炉が成功した。

このようにして、反射炉築造は一種のブームとなったが、江川は日本最初の洋式反射炉築造の名を得た。

一方、佐賀藩の本島、杉谷たちの努力は世には出なかった。

科学の進歩は平坦な道を一直線に進むようなものではない。曲がりくねった坂道を、失敗に失敗を重ねながら、あとから見るとちゃんと、一定の方向に進んでいる。これが科学の歴史である。

科学の歴史は、単に過去のことを調べ、記録に残すだけでなく、現在、そして未来に向かっても意味をもつものでなければならない。現在は無限の過去を含み、無窮の未来をはらむ。こうして歴史は過去、現在、未来を宿すもの、つまり過去によって現在を説き、現在によって未来を考えるものでなければならない。

このささやかな私の記録が佐賀藩を考える人たちにとって、いささかでもお役にたてば、私の望外の幸とするところである。

年表

西暦・年号	日本	外国
一八〇〇（寛政十二年）	伊東玄朴生まる。武雄の砲術家鍋島茂義生まる。吉雄耕牛没。	
一八〇一（享和元年）	楢林栄治（峡山）鍋島治茂の側医となる。	
一八〇二（享和二年）	楢林宗健生まる。志筑忠雄「暦象新書」著す。	
一八〇三（享和三年）	伏屋素狄「和蘭医話」著す。	
一八〇四（文化元年）	ロシア使節レザノフ長崎入港通商を求む。	ナポレオン皇帝となる。

一八〇五（文化二年）	鍋島斉直家督をつぐ。華岡青洲乳癌の手術に成功。	
一八〇六（文化三年）	古賀穀堂九代藩主斉直に「学政管見」を上る。	
一八〇七（文化四年）	露船長崎入港通商を求む。	
一八〇八（文化五年）	フェートン号事件。斉直逼塞を命ぜらる。	
一八〇九（文化六年）	伊東玄朴「医療正始」の訳を始む。幕府オランダ通詞にロシア語英語を兼修させる。	
一八一〇（文化七年）	藤林普山「訳鍵」を著す。	

一八一一（文化八年）	幕府蕃書和解御用をおく。金武良哲生まる。海上随鷗没。	
一八一二（文化九年）	露艦蝦夷来航高田屋嘉兵衛を拉し去る。	
一八一三（文化十年）	宇田川玄眞蕃書和解御訳員に推される。	
一八一四（文化十一年）	鍋島直正生まる。露艦高田屋嘉兵衛を還す。	スチブンソン蒸気機関車発明。
一八一五（文化十二年）	杉田玄白「蘭学事始」を著す。	
一八一六（文化十三年）	小森玄良「蘭方枢機」を著す。	
一八一七（文化十四年）	杉田玄白没。古賀精里没。	

一八一八（文政元年）	英艦浦賀来航。	
一八一九（文政二年）	古賀穀堂直正の御側頭となる。	
一八二〇（文政三年）	直正学令に達し穀堂侍読を命ぜらる。	
一八二二（文政五年）	コレラ流行。伊東玄朴大庭雪斎島本良順に入門。	
一八二三（文政六年）	シーボルト出島商館医として来日。青地林宗「訶倫産科書」を著す。	
一八二四（文政七年）	シーボルト鳴滝塾にて講義を始む。	
一八二五（文政八年）	青地林宗はじめての物理学書「気海観瀾」を著す。	

一八二六（文政九年）	宇田川榕庵蘭学翻訳を命ぜられる。坪井信道はじめての診断書「診候大概」を著す。	
一八二七（文政十年）	小森玄良「病因精義」を著す。	
一八二八（文政十一年）	八月佐賀地方大颶風あり。シーボルト事件起こる。玄朴幕府の訊問を受く。宇田川玄眞「和蘭薬鏡」を著す。	尿素の人工合成。
一八二九（文政十二年）	直正元服。シーボルト事件に連累して戸塚静海、二宮敬作、高橋作左衛門、土生玄碩等獄に下される。	
一八三〇（天保元年）	鍋島直正家督相続。直正蘭館を巡視。蘭船を見学。金武良哲、島本良順に入門す。	

一八三一（天保二年）	玄朴士籍に列せられ、一代侍七人扶持を給せられる。穀堂「済急封事」を上る。長崎修学中の中村涼庵武雄に帰り藩主茂義に起用さる。武雄蘭学のおこり。足立長雋内科書「医方研成」を著す。	
一八三二（天保三年）	佐賀藩平山小平らを高島秋帆に入門させ、オランダ砲術を学ばせる。杉田立卿「西洋外科全書」を、高野長英生理学書「医原枢要」を著す。	
一八三三（天保四年）	玄朴江戸下谷に「象先堂」塾を開く。宇田川榕庵「植物啓源」を著す。	
一八三四（天保五年）	八幡小路に医学館を設立す。	

一八三五（天保六年）	玄朴「医療正始」を著す。	
一八三六（天保七年）	相良知安生まる。古賀穀堂没す。帆足万里「究理通」を著す。	
一八三七（天保八年）	中村涼庵武雄にて種痘成功。大阪に大塩平八郎の乱。米船モリソン号浦賀、鹿児島に来航。	
一八三八（天保九年）	玄朴「牛痘種法編」を、長英「夢物語」を、古賀侗庵「海防臆測」を著す。緒方洪庵適塾を開く。唐津百姓一揆。	
一八三九（天保十年）	蛮社の獄。堀内素堂小児科書「幼々精義」を著す。斉直没す。	
一八四〇（天保十一年）	青木周弼萩藩蘭学教授となる。弘道館拡張。	アヘン戦争起こる。

一八四一（天保十二年）	高島秋帆徳丸原で洋式砲術操練をなす。天保の改革。	
一八四二（天保十三年）	大庭雪斎「海上亜児質利」を著す。	
一八四三（天保十四年）	玄朴直正の侍医を命ぜらる。佐賀藩本島藤太夫等をして伊豆の江川太郎左衛門について和蘭砲術を伝習せしむ。佐藤泰然佐倉に順天堂塾を開く。	
一八四四（弘化元年）	火術方をたて西洋砲術を研究せしむ。大石良英を士籍に列し直正侍医とした。金武良哲も鍋島安房に家士に召抱えらる。オランダ国王国書を呈し開国をすすめる。	

一八四五（弘化二年）	楢林宗建蘭館出入医となる。幕府令で翻訳書の出版は天文台の許可を必要とした。	
一八四六（弘化三年）	英艦琉球に来航。佛艦長崎に入港。	
一八四七（弘化四年）	佐賀藩長崎防備行届の廉により幕府より時服三十領賜はる。	
一八四八（嘉永元年）	牛痘苗と聴診器が蘭館医モーニッケにより伝来。楢林宗建「牛痘小考」を著す。	
一八四九（嘉永二年）	鉄製鋳砲局を築地に建設す。楢林宗建世子淳一郎に種痘。続いて江戸で玄朴貢姫に接種成功した。	

一八五〇（嘉永三年）	江戸潜入中の高野長英捕吏に襲われ自刃。佐野栄寿江戸遊学命ぜらる。反射炉築造開始。	
一八五一（嘉永四年）	佐野栄寿京都の化学者中村奇輔、理化学者石黒寛次、技術師田中近江、儀右衛門父子を同伴帰佐、蘭学寮設立。家中「文武課業法」を定む。長崎の伊王島、神の島塡海工事開始。	
一八五二（嘉永五年）	精煉方設立。反射炉成功。長崎塡海工事略成功。相良知安蘭学寮入学。	
一八五三（嘉永六年）	ペルリ浦賀、プーチャチン長崎へ来航。江川英竜反射炉起工。伊豆韮山から八田兵助反射炉見学のため来佐。幕府大砲五十門を佐賀藩に注文。	

一八五四（安政元年）	川路等幕府委員一行反射炉、精煉方視察。神奈川条約成立。長崎伊神両島築堡完成を賞し、徳川家伝来の銘刀を褒賜す。製艦費支辨のため代品方設置。蘭学寮を火術方に移す。渋谷良次蘭学寮教導差次となる。大庭雪斎弘道館教導となる。
一八五五（安政二年）	精煉方で蒸気船、蒸気車の模型をつくる。江戸大地震。蕃書和解御用を独立させ、洋学所とし、古賀侗庵の子謹一郎頭取となる。直正蘭学寮視察。大船建造禁令解除。長崎海軍伝習所開設され佐賀から四十八名参加。

一八五六（安政三年）	洋学所を蕃書調所と改称。ポンペ来日。相良知安藩医学校入学。大庭雪斎「訳和蘭文語」を著す。佐賀造船費の財源としてはぜ、茶の栽培増殖を命ず。田代孫三郎塾練工二名をつれ反射炉築造応援のため韮山へ出発。	
一八五七（安政四年）	伊東玄朴等の努力にて神田お玉ヶ池に種痘所設立さる。佐賀藩オランダより飛雲丸購入。松本良順命により長崎留学。	

一八五八（安政五年）	佐賀藩三重津に船手稽古所を設ける。オランダから電流丸購入。医学館を片田江に移し好生館と称す。玄朴蘭医としてはじめて奥医師となり、将軍家定の診療にあたる。長崎に洋学所設立。蘭方医学禁令を解く。種痘所を幕府直営とする。コレラ流行。良哲好生館指南役となる。	ウルヒョウ細胞病理学説
一八五九（安政六年）	安政の大獄。シーボルト幕府の招待で再び来日。精煉方で火薬製造をはじめる。観光丸を幕府佐賀藩にあずける。	
一八六〇（万延元年）	佐賀藩領大洪水。遣米使節派遣。勝安房咸臨丸で随行。ポンペの指導により長崎に養生所設置。医学生を養成す。長崎医大のおこり。	ゼンメルワイス産褥熱原因解明。

一八六一（文久元年）	中牟田倉之助等英学稽古を命ぜらる。幕府種痘所を西洋医学所と改称。大庭雪斎「民間格致問答」著す。直正隠居。知安江戸遊学を命ぜらる。	米南北戦争。
一八六二（文久二年）	蕃書調所を洋書調所と改称。伊東方成等オランダ留学を命ぜらる。寺田屋事件。江藤新平脱藩。鍋島茂義没。	
一八六三（文久三年）	洋書調所を開成所と改称。英艦隊鹿児島砲撃。相良知安長崎にてボードインに学ぶ。	
一八六四（元治元年）	四国鑑隊下関砲撃第一回長州征伐。佐久間象山遭難、鍋島直興没。	

一八六五（慶応元年）	長崎養生所を精得館と改称。大浦天主堂完成。大石良英没。フルベッキ来佐。弘道館視察。	メンデル遺伝の法則。
一八六六（慶応二年）	本野盛亨英学稽古のため長崎留学。福沢諭吉「西洋事事」刊行。将軍家茂親書をもって直正の上阪を求める。慶喜親書を以て直正の上京をうながす。	
一八六七（慶応三年）	大政奉還。佐賀藩英学研究を学校組織とし、英学校（致遠館）と称し、フルベッキを校長に招く。徳川昭武遺仏使節に佐野常民等参加。直正電流丸にて大阪に赴く。	ノーベルダイナマイト発明。

一八六八（明治元年）	鳥羽伏見の戦。佐賀藩東北征討軍先鋒を命ぜらる。英語学校を致遠館と改称。直正議定職に任ぜらる。相良知安直正侍医となる。明治新政府医学所を接収し大病院を下谷に開く。直正フルベッキを招き会談。	
一八六九（明治二年）	相良知安医学校取調御用掛仰付らる。医学校を大学東校と改称。ドイツ医学採用決定。直正蝦夷開拓督務を仰付らる。	スエズ運河開通。
一八七〇（明治三年）	直正病気にてボードイン、伊東玄朴診察。米人ヨングハンス好生館雇い教師となる。	

一八七一（明治四年）	大学東校にドイツ人教師着任。大学東校を東校と改称。鍋島直正、伊東玄朴没。	
一八七二（明治五年）	東校を第一大学区医学校と改称、相良知安校長仰付らる。	
一八七三（明治六年）	相良知安文部省医務局長兼築造局長仰付らる。ウイン万国博に嬉野茶、陶磁器出品。米人スロン好生館雇い教師となる。大庭雪斎没。	
一八七四（明治七年）	第一大学区医学校を東京医学校と改称。	
一八七五（明治八年）	楢林栄建没。	

一八七六（明治九年）	佐賀県変則中学校開設。唐津公立病院創立。デイニッツ好生館雇い教師となる。	
一八七七（明治十年）	東京医学校、東京帝国大学医学部と改称さる。県下にコレラ流行。	
一八七八（明治十一年）		コッホ破傷風菌発見。
一八七九（明治十二年）	県下にコレラ流行。	ナイセル淋菌発見。
一八八〇（明治十三年）		パスツールがワクチン免疫に成功。ラヴェテン、マラリア病原体発見。エーベルがフキーチフス菌発見。
一八八一（明治十四年）	暴風雨で県下に被害甚大。	

一八八二（明治十五年）		コッホ結核菌発見。
一八八三（明治十六年）	佐賀県庁開庁。　県下にコレラ流行。	クレプスレフレルヂフテリア菌発見。
一八八四（明治十七年）	県下に赤痢流行。　金武良哲没。	クレンゲル肺炎菌発見。
一八八五（明治十八年）	県下にコレラ流行。　池田陽一福岡医学校に於いて我国で初めて帝王切開手術に成功。	パスツール狂犬病予防成功。
一八八六（明治十九年）	県下に痘瘡流行。　日本薬局法公布さる。	
一八八七（明治二十年）	県下に大水害。	ワイクセルバウム髄膜炎菌発見。

一八八八（明治二十一年）	大隈重信外務大臣就任。	
一八八九（明治二十二年）	県下大水害。地震。佐賀市市制施行。北里柴三郎破傷風菌純培養に成功。	
一八九〇（明治二十三年）	北里柴三郎血清療法完成。県下にコレラ、赤痢流行。	コッホ、ツベルクリン創製。
一八九一（明治二十四年）	県下にコレラ流行。	
一八九二（明治二十五年）	県下に赤痢流行。	
一八九三（明治二十六年）	県下に暴風雨。	
一八九四（明治二十七年）	県下に赤痢流行。北里柴三郎ペスト菌発見。	

一八九五（明治二十八年）	県下にコレラ流行。	レントゲンX線発見。
一八九六（明治二十九年）	県下に痘瘡流行。佐賀県立病院好生館発足（館長渋谷周平）	
一八九七（明治三十年）	伝染病予防法公布。志賀潔赤痢菌発見。	
一八九八（明治三十一年）	県下に赤痢流行。	キューリー夫妻ラジウム発見。
一八九九（明治三十二年）	九州医師会佐賀で開催（会長池田陽一）。県下に赤痢ヂフテリア、ペスト流行。	
一九〇〇（明治三十三年）	相良知安勲五等、双光旭日章授けらる。	
一九〇一（明治三十四年）		ノーベル賞創設。

一九〇二（明治三十五年）	県下にコレラ流行。佐野常民没。青木周一好生館長（二代目）命ぜらる。	シャウデンホフマン梅毒スピロヘータ発見。
一九〇三（明治三十六年）	唐津線開通。	
一九〇四（明治三十七年）	県下に痘瘡、赤痢流行。	
一九〇五（明治三十八年）	県下に赤痢ヂフテリア流行。副島種臣没。大黒安三郎好生館長（三代目）命ぜらる。	
一九〇六（明治三十九年）	九州医師会佐賀で開催（会長池田陽一）医師法制定さる。相良知安没。	ワッセルマン梅毒血清反応考案。

あとがき

佐賀新聞社から、佐賀の幕末名医伝といったものを書いて欲しいとの話があったので、名医を含めて洋学者たちのことを書いてみようと約束したのは一昨年三月であった。

それから一年余、まだ会ったこともない多くの人たちから励まされ、教えられ、厳しく注意され、ともすればくじけそうになった心にムチ打ちながら、直正に率いられた蘭学者たちの苦しみの記録をまとめてみた。

はじめは学者たちの逸話や秘話などを織り込んでやわらかい面白いものにしたいと思っていたが、勉強不足で相変らず味のないかたいものになってしまった。だが、私自身彼らの高い風格と学問一筋の純情にふれて、深い感銘を覚えたものである。

佐賀には「葉隠」がある。これを武士の処世訓と信じているものが多かった。これさえあれば、あとは何もいらぬというような侍が多かった。そんな人たちにとって、蘭学は夷狄（いてき）の学問として軽べつされ、きらわれ、恐れられた。

そんな状況にあって蘭学を学ぶことには、よほどの努力と勇気が必要であった。そしてそれを見事に成し遂げたのが佐賀の蘭学者たちであった。

幕末佐賀の歴史は、知れば知るほどおもしろい時代である。なかでも蘭学者たちが活躍した天保半頃より慶応までの三十年ばかりがいちばん躍動的でおもしろい。

私がとりあげた人たちのほかにも立派な業績をあげた人が幾人もいる。なかでも「御鋳立方七賢人」や「精錬方五人衆」についてはもっと詳しく書きたかった。だがどうしても資料が見つからなかったので漢蘭学の田中虎六郎、算術の馬場栄作、鋳工の谷口弥左衛門、鉄溶化の橋本新左衛門、計理の田代弥三郎、遣米使節随員に選ばれた秀島藤之助などについては後日にゆずることにした。なお伊東玄朴以外は歴史上特に名が残った人は少ない。それは私が故意に無名の人ばかり選んだわけではなく佐賀の蘭学者の多くが、業績を残しながらもむくわれることが少なかったからである。

由来、先覚者の末路は悲劇的なことが多い。蛮社の獄の悲しい犠牲者高野長英が捕吏に襲われ、四十七才で自刃（じじん）したのは、嘉永三年（一八五〇）十月であった。そのころ佐賀では、七賢人や五人衆を中心に蘭学の花が咲き、他藩にさきがけ反射炉に火が点じられようとしていた。名君鍋島直正の信頼と激励によって若い篤学者たちが蘭学の実用化に献身していたのである。

こう見れば佐賀の蘭学者たちは恵まれていたとも思える。しかし、彼らのなかには子孫もわからず、墓も無縁仏として風雨にさらされているのもある。何とかして、こんな人たちの努力と功績にむくい、その霊を慰める道を考えるべきであろう。

感謝

この度、私の拙い文を一冊の本にまとめて頂くことになりました。佐賀新聞社の御厚意に深く感謝いたします。国立医科大学の古川哲二先生、佐賀県立病院好生館長鶴丸広長先生、佐賀県医師会会長松下英志先生に序文を賜わりました。身にあまる光栄と存じ心から感謝します。

原稿をまとめるにあたって三好不二雄先生、福岡博先生の御厚意は身にしみて有難く、厚く御礼申し上げます。その他北九州の劉寒吉先生、佐賀大学図書館の宮原賢吾先生、多布施町の青木勝次先生、金立町の中山成基先生、久保田町の古賀詔雄先生等の方々から資料や御教示を頂きましたことを厚く感謝いたします。また佐賀の前山彦人先生、内野総二郎先生、東一秀先生、志村孝甫先生、武藤喜雄先生等からいつもながら温かいはげましの言葉を頂いたことをあらためてお礼申し上げます。

編集については、佐賀新聞社文化部の荒木和敏部長、管理部の吉野徳親部長の御高配に深く感謝致します。また文化部の井上智重、田中善朗記者に終始御世話になりました。心より厚く御礼申し上げます。

昭和五十一年八月

鍵山栄

（初版時）

鍵　山　　栄（著者）

明治38年、佐賀郡久保田町に生れる
父俊八は、好生館にいたドイツ人医師デーニッツに師事した開業医。

旧制佐賀高校を経、長崎医科大学卒。

唐津、佐賀保健所長を歴任後、佐賀市鍋島町森田で開業。

「相良知安」（日本古医学資料センター刊）「佐賀県医学史」（共著・県医師会発行）などの前著がある。

医学博士。日本医史学会会員。

鍵　山　稔　明（編者）

昭和20年12月12日鍵山栄の三男として生まれ
佐賀高校、京都薬科大学卒業、日本医史学会会員
著書
佐賀県薬剤師会史（共著・佐賀県薬剤師会）
エッセイ集「草声」（佐賀新聞社）
佐賀医人伝Ⅰ・Ⅱ（共著・佐賀医学史研究会）
佐賀薬学概史（佐賀新聞社）

改定 **佐賀の蘭学者たち**

発行日　令和６年10月30日

著　　者　**鍵　山　　栄**
編　　者　**鍵　山　稔　明**
発　　行　佐賀新聞社
製作販売　佐賀新聞プランニング
　　　　　〒840-0815　佐賀市天神3-2-23
　　　　　電話　0952-28-2152（編集部）

印　　刷　佐賀印刷社
